LEÇONS

SUR

LES HÉMORRHOÏDES

LEÇONS

SUR

LES HÉMORRHOÏDES

PAR

L. GOSSELIN

PROFESSEUR A LA FACULTÉ DE MÉDECINE DE PARIS

CHIRURGIEN DE L'HÔPITAL DE LA PITIÉ

MEMBRE DE L'ACADÉMIE IMPÉRIALE DE MÉDECINE, ETC.

PARIS

ADRIEN DELAHAYE, LIBRAIRE-ÉDITEUR

PLACE DE L'ÉCOLE-DE-MÉDECINE

1866

LEÇONS

LES HÉMORRHOÏDES

CHAPITRE PREMIER

Définition. — Notions historiques.

Dès les temps les plus reculés, les auteurs ont compris sous le nom d'hémorrhoïdes deux choses : des tumeurs placées à l'extrémité inférieure du rectum, et un écoulement de sang par l'anus. Mais, comme il y a souvent des tumeurs hémorrhoïdaires sans écoulement, comme d'autre part l'écoulement sanguin qui a lieu sans tumeur ne doit pas être rangé parmi les accidents hémorrhoïdaires, il serait mieux de définir les hémorrhoïdes des tumeurs de la région anale susceptibles de verser du sang à certains moments; et comme il est bon, dans la définition, d'indiquer aussi le caractère anatomique qui rend compte de la possibilité et de la facilité de ce flux sanguin, j'aime mieux ajouter le mot variqueux, et dire que les hémorrhoïdes sont : *des tumeurs variqueuses de la région anale, susceptibles de fournir du sang à certains moments.*

En parcourant les auteurs qui, depuis Hippocrate jusqu'à ces derniers temps, ont écrit sur les hémorrhoïdes, je suis arrivé, comme pour bien d'autres sujets, à cette conclusion : à côté de quelques vérités incontestables, erreurs, lacunes et contradictions perpétuées d'âge en âge par l'insuffisance d'observation, et par la substitution trop habituelle des vues de l'esprit aux enseignements de la pratique.

Une analyse rapide des principaux auteurs va justifier cette proposition, en même temps qu'elle me permettra de montrer les progrès qu'a faits à notre époque l'étude des hémorrhoïdes, et ceux qui restaient à faire pour donner à cette étude une précision comparable à celle que nous possédons pour la plupart des autres sujets de la pathologie chirurgicale.

Hippocrate a parlé des hémorrhoïdes dans plusieurs de ses écrits. On trouve même dans la collection de ses œuvres un traité spécial sur cette maladie (1), traité que les bibliophiles, et notam-

(1) Tome VI, p. 437 de l'édition d'Hippocrate, par M. Littré.

ment M. Littré, attribuent plutôt aux successeurs d'Hippocrate qu'à lui-même. Quoi qu'il en soit, voici les principales opinions exposées sur ce point dans les livres hippocratiques.

Les hémorrhoïdes sont des tumeurs formées par la dilatation des veines du rectum. Elles s'ouvrent et projettent du sang pendant la défécation. Rien à dire contre ces propositions, dont notre définition même atteste l'exactitude.

Mais il n'en est pas de même des suivantes :

Les hémorrhoïdes sont dues à la fixation de la bile ou du phlegme dans les veines du rectum (1).

Ceux qui ont des hémorrhoïdes n'ont ni pleurésie ni péripneumonie (2).

Les varices ou hémorrhoïdes qui surviennent aux mélancoliques et à ceux qui sont travaillés de maux de reins, leur sont bonnes et utiles (3).

Les varices ou hémorrhoïdes qui surviennent aux mélancoliques et aux aliénés, les délivrent de leur folie (4).

Ces quatre propositions sont autant d'erreurs qui, pour s'être propagées pendant une longue suite d'années, ont singulièrement obscurci ce sujet.

(1) *Traité des hémorrhoïdes* (*loc. cit.*).
(2) 6ᵉ livre *des Épidémies*, 3ᵉ section, § 523. (Éd. Littré, tome V.)
(3) *Aphorismes*, section 6, aph. 11.
(4) *Id.*, *id.*, aph. 21.

Il semble qu'après les avoir émises, l'auteur doit avoir une thérapeutique bien simple, la temporisation. Quoi de mieux en effet pour une disposition anatomique si utile à la santé ! Et pourtant dans un passage du traité du régime dans les maladies aiguës (1), Hippocrate parle de la ligature des hémorrhoïdes comme d'une opération innocente et sans conséquences graves. Puis le traité des hémorrhoïdes renferme des détails assez longs sur la cautérisation énergique de ces tumeurs avec le fer rouge, sur leur excision, sur le traitement par les cathérétiques et surtout par le mélange de myrrhe, de noix de galle et d'alun d'Égypte calciné. Ces opérations sont présentées sans aucun avertissement des dangers qu'elles peuvent faire courir. On y lit même ce passage : « Vous pouvez inciser, exciser, coudre, brûler, corroder l'anus, sans causer de dommages. »

Ces notions sur le traitement sont incomplètes et dangereuses : incomplètes, parce qu'elles ne spécifient pas si les opérations dont il s'agit s'appliquent indifféremment aux hémorrhoïdes externes et aux internes ; dangereuses, parce qu'elles laissent dans l'ombre les accidents possibles à la suite des opérations dont on parle.

Il serait superflu de m'arrêter aussi longtemps

____

(1) *De Victus ratione in morbis acutis.*

aux traités de Galien, Aétius, Oribase, Celse, Paul d'Égine, de même qu'aux écrivains arabes et arabistes. Presque tous reproduisent Hippocrate avec ses erreurs et ses lacunes, et considèrent les hémorrhoïdes comme des émonctoires salutaires, tout en reconnaissant, sans s'en expliquer d'une façon bien claire, la nécessité d'un traitement chirurgical dans un certain nombre de cas, dans ceux en particulier où le flux sanguin paraît trop abondant.

A. Paré, au xvi⁰ siècle, répète les opinions de ses prédécesseurs sur la nature veineuse des tumeurs hémorrhoïdaires, sur la qualité mélancolique ou atrabilaire des humeurs qui s'y portent, sur les avantages du flux modéré, et les inconvénients du flux abondant. Il ne propose du reste aucune opération, et s'en tient au traitement par les médicaments.

Il faut arriver au xviii⁰ siècle pour trouver quelques modifications tranchées dans les idées hippocratiques. Stahl et J.-L. Petit en sont les auteurs; le premier, en aggravant une des erreurs de l'antiquité, a certainement fait reculer la question au lieu de la faire avancer; le second, en s'éclairant un peu des lumières de l'anatomie, et cherchant à laisser parler l'observation clinique, commence à montrer le bon chemin.

Stahl a renoncé, il est vrai, à l'opinion d'Hippo-

crate et de ses successeurs sur les qualités atrabi-
laires du sang versé par les hémorrhoïdes; mais
il a développé longuement cette autre théorie que
le sang afflue et s'amasse dans les veines anales et
rectales, lorsqu'il est en trop grande abondance
dans l'économie. C'est pour débarrasser le sujet
d'un trop plein qui eût amené une pléthore nui-
sible que ces veines reçoivent et parfois laissent
échapper du sang. Voilà donc les hémorrhoïdes
devenues avantageuses pour tous ceux qui en sont
atteints. La conclusion thérapeutique est toute simple.
ple. Il convient de favoriser cet afflux, de le faire
naître même si l'on peut. Mais ce serait aller contre
les intentions de la nature que de chercher à le
faire disparaître. Ces fausses idées longuement développées dans deux dissertations (1), réunies plus
tard en un même volume par Michel Alberti (2),
ont eu un immense retentissement, et ont été longtemps préjudiciables aux malades en les privant
des moyens thérapeutiques qui leur eussent été
utiles.

J.-L. Petit, quoique venu un peu plus tard, ne
paraît pas avoir subi l'influence de Stahl, non

---

(1) *Dissertatio de motu sanguinis hæmorrhoïdali et hæmorrhoïdibus externis*; Halle, 1698, 1705.

Dissertatio de hæmorrhoïdum internarum motu et ileo hæmatico-hippocratico; Halle, 1698 et 1707, in-4°.

(2) *De Hæmorrhoïdibus dissertationes practicæ in volumen collectæ;* Halle, 1722, in-4.

plus que celle des opinions hippocratiques. Parlant
surtout d'après son observation propre, il donne
d'abord de bons détails sur l'étiologie. Les hémorrhoïdes, pour lui, comme pour les anciens, sont de
nature variqueuse, et elles sont produites par toutes les causes qui amènent une gêne dans la circulation des veines du rectum. Les tumeurs du
foie, en particulier, peuvent les occasionner. Voilà
de bonnes notions basées sur l'anatomie et la physiologie, et qui nous mettent bien loin de l'obscure
physiologie représentée par l'atrabile et la fluxion.
Malheureusement J.-L. Petit tombe ensuite dans
une exagération déplorable. Il voit des varices
dans toutes les maladies du rectum, et fait figurer
dans sa description des hémorrhoïdes, les abcès
de l'anus, les fissures, les rhagades, la paralysie
du rectum, les maladies syphilitiques de cet organe, etc. J.-L. Petit, en un mot, fait ce que font
encore aujourd'hui beaucoup de malades. Il appelle hémorrhoïde toute lésion douloureuse ou incommode de l'anus. De là résulte qu'il finit par
oublier les varices elles-mêmes, et qu'il reste fort
incomplet sur leur thérapeutique.

Il ne faut donc pas s'étonner si, en France,
comme partout ailleurs, les opinions de Stahl ont
longtemps prédominé, et si, malgré quelques
efforts sans retentissement, les idées les plus
fausses ont continué de régner sur la physiolo-

gie pathologique et le traitement de cette maladie.

Le gros volume publié par Trnka à Vienne, à
la fin du xviii⁰ siècle, n'était pas fait pour dissi-
per ces nuages. On y trouve la reproduction des
mêmes hypothèses sur la nature et l'utilité des hémorrhoïdes (1).

Les vingt ou trente premières années du xix⁰ siècle se ressentent encore des erreurs des siècles pré-
cédents. L'investigation anatomique, il est vrai,
s'adresse aux hémorrhoïdes comme à tant d'autres
maladies. Mais ses premiers résultats ne sont
pas heureux. Dans une monographie, publiée en
1812, Delarroque soutient que ces tumeurs ne sont
pas des varices, comme l'ont admis les anciens,
mais qu'elles sont constituées par des kystes déve-
loppés dans le tissu cellulaire, opinion que Récamier venait de soutenir lui-même dans une thèse
présentée à l'École de Paris, en 1800. Le reste de
l'ouvrage de Delarroque est employé à reproduire
l'ancienne opinion sur le danger de supprimer les
hémorrhoïdes, et à baser cette opinion sur quelques faits isolés, sans valeur, que l'auteur n'a pas
observés lui-même, mais qu'il emprunte aux ouvrages d'Hippocrate, de Galien, de Stahl et de
Trnka.

(1) *Historia hœmorrhoïdum omnis œvi observata medica continens;*
Vienne, 1794.

L'article de Montègre, dans le *Dictionnaire des sciences médicales*, en 1817, n'avait pas mieux éclairé les praticiens sur la véritable signification clinique des hémorrhoïdes.

Pendant ce temps, la partie clinique et thérapeutique de la question continuait à rester dans le doute et l'obscurité. Elle ne s'en est un peu dégagée que le jour où les chirurgiens s'emparant de ce sujet, et adoptant moins aveuglément la doctrine des hémorrhoïdes salutaires, ont commencé à se préoccuper davantage du soulagement des malades. Boyer et Dupuytren en France, S. Cooper en Angleterre, ne s'affranchissent certainement pas tout à fait des erreurs antérieures, mais ils insistent plus qu'on ne le faisait avant eux sur les inconvénients d'un bon nombre d'hémorrhoïdes, et sur la nécessité d'y remédier sans trop s'inquiéter des dangers imaginaires de leur suppression.

Bientôt arrive l'article de Bérard, dans le Dictionnaire en 30 vol. On y trouve une excellente étude anatomique, la meilleure qui ait été faite jusquelà des hémorrhoïdes, avec la réhabilitation victorieusement établie de l'ancienne opinion sur la structure variqueuse. On y trouve de plus une critique régulière et très-juste des hypothèses hippocratiques et stahliennes sur l'utilité de ces productions. Malheureusement le clinicien n'est pas à la hauteur du physiologiste.

Bérard n'a pas vu un grand nombre d'hémorrhoïdaires ; il ne connaît pas bien les indications du
traitement chirurgical, ne distingue pas ce qui
convient aux hémorrhoïdes externes et aux internes, reproduit, sans en connaître les dangers, les
opinions de ses contemporains et de ses prédécesseurs sur l'ablation avec le bistouri, et, en
définitive, n'indique rien de positif pour le traitement.

Les mêmes lacunes se rencontrent dans ceux de
nos livres français qui ont paru après l'article de
P. Bérard et se sont inspirés de ses idées. Mais
peu importe. L'impulsion était donnée, les entraves
apportées à la thérapeutique par les théories antérieures étaient à jamais brisées, et le traitement
chirurgical de cette maladie est désormais accepté
par tous comme une nécessité non contestable.

D'ailleurs les idées sur ce point ne se modifiaient
pas seulement en France. Le même mouvement
se produisait en Angleterre et en Amérique, et
les travaux de Kirby (1), Brodie (2), Smith (3),
et quelques autres, établissaient également que les
hémorrhoïdes ne sont jamais bonnes à conserver,

(1) *Observations on the treatment of hœmorrhoïdal excrescences ;*
Londres, 1818.
(2) *Lectures on hœmorrhoïdes. London med. Gazette,* 1835.
(3) *Remarks on the pathology and treatment of hœmorrhoïdal tu-*
mours. North american journal of medical and surgical sciences ;
avril 1835.

lorsqu'elles sont l'occasion de souffrances ou de malaises, et que le chirurgien doit souvent inter-venir pour y porter remède.

Mais quel est le meilleur mode de traitement? Cette question est celle qui a le plus particuliè-rement occupé les chirurgiens dans ces trente der-nières années. Elle a été résolue différemment en France dans quatre publications importantes dues à Ph. Boyer, Amussat, MM. Chassaignac et Be-noît, lesquels, rejetant avec Bérard les vieilles er-reurs médicales des temps passés, s'appliquent à faire prévaloir pour cette maladie l'utilité de la médecine opératoire, et à en multiplier les res-sources.

Ph. Boyer a le mérite d'avoir adopté franche-ment la cautérisation au fer rouge abandonnée de-puis longtemps, et d'avoir invoqué, à l'appui de son opinion, des cas bien constatés d'insuccès et même de morts après l'emploi des deux méthodes plus souvent employées jusque-là, l'excision et la li-gature.

Amussat a parlé aussi en faveur de la cautérisa-tion, en montrant les dangers des autres moyens ; mais il préfère le caustique de Vienne au fer rouge. Cet auteur a de plus cherché à introduire une in-novation déjà conseillée par Sabatier, mais à la-quelle on n'avait pas prêté une suffisante attention, celle de ne pas toucher aux hémorrhoïdes externes et de s'adresser seulement aux internes.

M. Chassaignac a donné une excellente impulsion à la pratique, et amené de mieux en mieux les esprits à une juste appréciation des choses, en apportant un grand nombre d'exemples de tumeurs et de flux sanguins guéris sans aucun inconvénient pour la santé. Il est à regretter qu'abandonnant les errements de Ph. Boyer et d'Amussat sur la cautérisation, il ait donné la préférence à une méthode plus séduisante par ses résultats immédiats, mais plus dangereuse. Il est à regretter aussi qu'il n'ait pas, au moins dans sa première publication, suffisamment tenu compte du précepte d'Amussat pour les hémorrhoïdes externes.

Quant à la monographie de M. le professeur Benoît, de Montpellier (1), elle a cette importance, qu'émanée d'une école où l'on professe un grand respect pour les travaux de l'antiquité, elle combat cependant les erreurs acceptées encore par quelques médecins, sur la prétendue utilité des hémorrhoïdes, et sur le danger de leur suppression. L'auteur est partisan du traitement chirurgical dans un grand nombre de cas, et, s'efforçant de trouver dans

____

(1) *Des Tumeurs hémorrhoïdaires et de leur traitement;* Montpellier, 1860.

l'état de congestion et de fluxion des contre-indications au moins momentanées à son emploi, il cherche à préciser le moment où il faut attendre, et celui où il convient d'agir. Malheureusement le sujet se trouve obscurci par le défaut de précision de ces mots congestion et fluxion, par la difficulté de distinguer, au lit des malades, ces états morbides de l'inflammation, et surtout par le défaut de distinction entre les deux formes principales d'hémorrhoïdes (externes et internes).

Pendant que ces travaux se succédaient en France, ceux de Fergusson, Houston, H. Lee et Curling, propageaient en Angleterre des idées analogues sur la nécessité d'intervenir chirurgicalement, mais donnaient la préférence aux caustiques liquides sur le bistouri, l'écraseur linéaire et le fer rouge.

En somme, lorsque j'eus, pour la première fois, à exposer, dans mon cours de pathologie externe, l'état actuel de la science sur les hémorrhoïdes, je trouvai la lumière à peu près faite sur la nécessité d'un traitement chirurgical. Mais, en faisant appel à mes souvenirs cliniques, et en relisant mes observations, je dus reconnaître que les descriptions de nos auteurs n'indiquaient pas suffisamment ce qui convient pour les hémorrhoïdes externes et pour les internes. La distinction anatomique était faite, mais on ne l'utilisait pas pour la clinique, et on ne signalait pas les différences fondamentales que présentent et les symptômes et le traitement. Je dus reconnaître aussi qu'en général on ne comprenait pas bien les indications à remplir dans les hémorrhoïdes internes, qu'on allait trop loin en cherchant à les détruire dans toute leur épaisseur, qu'on ne se préoccupait pas assez, dans le choix des moyens thérapeutiques, des dangers qu'ils peuvent occasionner, et qu'enfin il était impossible, pour les débutants, de se retrouver au milieu des préceptes contradictoires et vagues donnés dans les livres.

Pour combler ces dernières lacunes, il fallait isoler, mieux qu'on ne l'avait fait, les inconvénients des hémorrhoïdes externes et ceux des hémorrhoïdes internes, indiquer les variétés cliniques des unes et des autres et le traitement qui convient à chacune de ces variétés, montrer enfin quels sont, parmi les moyens dont nous disposons, les plus simples et les plus inoffensifs. Je crois être arrivé à ce but, en utilisant tout à la fois, comme je le fais pour les autres parties de mon enseignement, les documents consignés dans les livres et ceux que m'a fournis ma propre observation. J'en suis venu, si je ne m'abuse, à éclaircir un peu ce sujet, et à donner pour lui ce qui manquait jusqu'à présent : une description didactique en rapport avec les besoins de la clinique.

CHAPITRE DEUXIÈME

Des hémorrhoïdes externes.

Je comprends, avec tout le monde, sous le nom d'hémorrhoïdes externes, des tumeurs placées continuellement à l'extérieur, et développées sous la portion de tégument qui limite le contour même de l'ouverture anale. Tantôt elles existent seules, tantôt elles coïncident avec les hémorrhoïdes internes. Dans l'un et l'autre cas, leurs caractères anatomiques, leurs phénomènes cliniques et leur traitement diffèrent tellement de ceux des hémorrhoïdes internes, qu'il est indispensable d'en donner une description séparée.

§ 1er. CARACTÈRES ANATOMIQUES.

J'étudierai successivement les caractères anatomiques des hémorrhoïdes externes flasques ou affaissées, et ceux des hémorrhoïdes turgescentes ou enflammées.

I. *Caractères anatomiques des hémorrhoïdes flasques.*

J'aurai à indiquer ici la conformation extérieure, puis la conformation intérieure ou structure de ces tumeurs.

1° *Conformation extérieure.* — Placées à l'extérieur de l'anus et immédiatement au-dessous de la peau, les hémorrhoïdes externes se trouvent entre cette dernière et la face inférieure ou le bord du sphincter, en sorte qu'elles ne sont jamais exposées à être pincées ou comprimées par ce muscle, comme cela a lieu pour les hémorrhoïdes internes.

Elles varient sous le rapport du nombre et sous celui du volume.

Quant au nombre, il n'y en a souvent qu'une seule placée à droite ou à gauche, en avant ou en arrière. D'autres fois, il y en a deux ou trois plus ou moins rapprochées les unes des autres. Quelquefois enfin elles existent tout autour de l'ouverture anale, où elles forment un cercle ou bourrelet (bourrelet hémorrhoïdal externe). Nous caractérisons ces différences en disant que les hémorrhoïdes externes sont solitaires, multiples ou circulaires.

Lorsqu'elles sont multiples, et même lorsqu'elles sont circulaires ou en bourrelet, elles sont séparées les unes des autres par des sillons peu profonds, mais toujours assez bien marqués.

Elles sont alors habituellement peu volumineuses, grosses tout au plus comme un pois, une lentille, rarement comme un petit haricot ou une noisette. Elles sont aplaties, ou irrégulièrement

arrondies; leur surface est plissée et comme cha-
grinée; elles ne sont pas pédiculées, mais ont
une large surface d'implantation.

Elles sont molles et s'affaissent entre les doigts
qui les pressent.

2° *Structure*. — L'hémorrhoïde externe est formée par les téguments de l'ouverture anale, soulevés et allongés par le développement des parties
sous-jacentes, savoir : le tissu cellulaire et les
veines.

Lorsqu'elle est récente et peu volumineuse, le
tégument ainsi soulevé est celui qui se trouve au
contour même de l'anus; c'est cette membrane
plus violette et plus mince que la peau, moins
rouge et moins ténue que la muqueuse propre-
ment dite, qui n'est pas encore tout à fait la muqueuse, mais qui en a cependant les caractères
plutôt que ceux de la peau. L'hémorrhoïde ainsi
constituée mérite le nom d'hémorrhoïde externe
muqueuse.

Lorsqu'elle est plus ancienne et plus volumineuse, la tumeur est formée par un soulèvement
simultané de la muqueuse et de la peau, et a deux
surfaces; l'une externe et inférieure, rosée, revêtue par la peau; l'autre interne, violacée, revêtue par la muqueuse imparfaite dont je viens
de parler. L'hémorrhoïde externe est alors tout à
la fois *cutanée* et *muqueuse*.

Dans certains cas, enfin, plus rares que le précédent, la tumeur, située un peu plus en dehors de l'orifice anal, est rosée sur ses deux faces, et paraît constituée exclusivement par un soulèvement de la peau. L'hémorrhoïde est alors *cutanée*.

Que trouve-t-on sous les téguments, ou plutôt quels sont les tissus dont le développement sous la membrane tégumentaire a amené cette espèce de végétation qui caractérise l'hémorrhoïde externe? Ici j'exposerai d'abord les faits, puis les interprétations.

Faits. J'ai plusieurs fois disséqué de ces tumeurs à leur début, notamment chez des femmes mortes en couches après une première grossesse qui avait déterminé des hémorrhoïdes commençantes, du genre de celles que nous avons appelées *muqueuses*. La tumeur était petite et exclusivement développée sous la membrane muqueuse. En la fendant pour examiner son contenu, j'ai d'abord constaté que cette membrane elle-même n'était ni épaissie, ni indurée, et j'ai trouvé dans le pli ou prolongement tégumentaire une ou deux veines dilatées, ou varices. Celles-ci se continuaient avec les veines du réseau sous-muqueux, toujours abondant dans cette région, réseau à la formation duquel contribuent en bas les veines hémorrhoïdales inférieures branches de la honteuse interne, et plus haut les hémorrhoïdales supérieures, branches terminales de la petite mésaraïque.

Il m'a paru quelquefois que la dilatation se faisait seulement aux dépens d'une partie limitée de la paroi veineuse, et constituait l'ampoule latérale, bien vue et décrite par M. le professeur Jobert de Lamballe (1). Plus souvent l'ampoule est formée aux dépens de tout le contour de la veine et mérite alors le nom d'ampoule circulaire ; elle se continue par ses deux extrémités avec le ramuscule sur le trajet duquel a eu lieu la dilatation.

La nature veineuse du conduit qui se trouve dans l'hémorrhoïde récente se démontre d'ailleurs de deux façons : par la dissection sans injection préalable, et par la dissection après injection. Dans le premier cas, on voit parfaitement un canal rempli par un caillot sanguin ; si on fend ce canal, et qu'on enlève le caillot, on trouve l'aspect lisse de la membrane interne des veines, et on peut voir que par ses extrémités l'ampoule se continue avec une des petites veines circonvoisines. Dans le deuxième cas, la matière à injection qui distend l'ampoule se continue avec le réseau veineux injecté lui-même, et, par son intermédiaire, avec les troncs dont j'ai parlé tout à l'heure. L'injection, il est

(1) *Traité des maladies chirurgicales du canal intestinal*, t. Ier, 1829.

vrai, ne réussit pas toujours ; on la fait bien arriver de haut en bas par la petite mésaraïque, c'est-à-dire dans les réseaux dont le développement forme les hémorrhoïdes internes ; mais on a plus de peine à la faire parvenir dans ceux qui forment les hémorrhoïdes externes, parce que, dépendant de la veine hypogastrique, ceux-ci sont pourvus de valvules, et qu'à cause de cela le liquide ne peut être poussé du tronc vers les branches, comme cela a lieu dans la petite veine mesaraïque, qui est dépourvue de valvules. Néanmoins, je suis parvenu, sur une pièce que je mets sous les yeux de mon auditoire, à faire pénétrer l'injection dans les varices qui forment les hémorrhoïdes externes, en poussant le liquide tout à la fois par la veine mésaraïque inférieure et par la veine dorsale de la verge.

Notre musée possède d'ailleurs deux pièces injectées par M. le Dr Dubrueil, prosecteur de la Faculté de médecine de Paris, pièces sur lesquelles on voit très-bien à l'extérieur de l'anus des dilatations veineuses ampullaires ayant certainement contribué, pendant la vie, à former des hémorrhoïdes externes.

Autour de la veinule ou des veinules (car il peut y en avoir plusieurs dans une même hémorrhoïde), autour, dis-je, des veinules dilatées, on ne trouve que du tissu cellulaire ou conjonctif très-fin, formant une lame extrêmement mince entre le tégument soulevé et la varice.

Lorsque l'hémorrhoïde externe est ancienne et se présente avec un volume un peu notable, on y trouve encore quelquefois une ou plusieurs dilatations veineuses, comme celles dont il était question tout à l'heure. Mais il y a, de plus, autour de ces varices, une abondante quantité de tissu cellulaire, tantôt lâche, tantôt épaissi, et condensé par un travail d'hypertrophie ou par l'infiltration, dans ses mailles, d'une certaine quantité de matière plastique, et cela sans que le tégument lui-même, peau ou muqueuse, présente un épaississement analogue. L'hémorrhoïde est alors tout à la fois *variqueuse* et *celluleuse*.

Dans d'autres cas, on trouve bien au centre de la tumeur un ou deux caillots sanguins; mais il n'est plus possible de suivre une paroi veineuse se continuant avec les réseaux les plus voisins, et l'injection, de quelque manière qu'elle soit poussée, ne vient pas remplir l'espace occupé par les caillots. Il y a, d'ailleurs, autour des caillots sanguins, du tissu cellulaire lâche ou épaissi. L'hémorrhoïde est donc *celluleuse*, comme tout à l'heure, mais elle n'est plus évidemment variqueuse, et la présence de l'élément vasculaire n'est plus indiquée que par des caillots dont la communication avec le système vasculaire n'est pas démontrable.

Si, au lieu d'un seul ou de deux caillots sanguins dans une même tumeur, on en trouvait un plus grand nombre de petit volume, chacun d'eux occuperait une loge ou vacuole, et pour peu que le tissu cellulaire contenant ces vacuoles fût lâche, l'apparence aurait quelque chose de spongieux et d'analogue au tissu érectile. L'hémorrhoïde pourrait alors être nommée *spongieuse* ou *érectile*.

D'autres fois, enfin, on ne trouve plus de sang liquide ni coagulé dans l'épaisseur de l'hémorrhoïde; on n'y rencontre plus de cavités appréciables à l'œil nu. L'injection ne permet plus de voir que quelques artérioles, et il n'y a, au-dessous du tégument qui est toujours sans augmentation d'épaisseur, que du tissu cellulaire plus ou moins dense. L'hémorrhoïde, en un mot, est exclusivement celluleuse ; c'est à cette forme, sans doute, que les auteurs anciens, sans s'expliquer bien clairement, ont donné le nom de *marisques*, et c'est elle que quelques modernes, notamment M. Curling, ont comparée à des verrues.

Interprétations. Tels sont les faits. Plaçons maintenant à côté d'eux les opinions qui ont été émises sur la composition anatomique des hémorrhoïdes, et voyons jusqu'à quel point ces opinions sont d'accord avec les résultats de l'investigation. La plus ancienne et la plus générale, celle qui se trouve dans Hippocrate, Celse, et dans un grand nombre d'auteurs, jusqu'à M. Jobert de Lamballe, qui l'a non-seulement exposée, mais aussi démontrée, est celle qui considère les hémorrhoïdes comme des varices, en appliquant cette proposition aussi bien aux hémorrhoïdes internes pour lesquelles il n'y a pas, nous le verrons plus loin, de discussion possible, qu'aux hémorrhoïdes externes. Cette opinion est parfaitement justifiée par l'étude des hémorrhoïdes récentes, puisqu'elle nous fait voir des dilatations variqueuses incontestables au-dessous de la membrane muqueuse.

D'après une autre opinion avancée par Cullen (1) et, au commencement de ce siècle, par Récamier, dans une thèse qui a eu un grand retentissement (Paris, 1800, frimaire an VIII), ainsi que dans l'ouvrage de Delarroque (2), les hémorrhoïdes seraient constituées par un tissu spongieux dans les mailles duquel le sang serait versé par la rupture de quelques veines non dilatées, et les tumeurs seraient dues à l'enkystement du sang dans l'épaisseur du tissu cellulaire. On voit que cette opinion peut s'appuyer sur cet ordre de faits assez fréquents dans lesquels une hémorrhoïde plus ou moins ancienne renferme çà et là des caillots sanguins au milieu d'une masse celluleuse hypertrophiée. Seulement, c'est dépasser les limites d'une

(1) *Éléments de médecine pratique.*
(2) *Traité des hémorrhoïdes*, 1812.

observation rigoureuse que d'admettre que le point de départ de la tumeur est bien un épanchement sanguin à la suite d'une rupture veineuse. Comment savoir d'abord si cette rupture s'est faite sur des veines non variqueuses ou sur des varices? Comment distinguer ensuite le caillot consécutif à un épanchement ainsi produit de celui qui se serait formé dans une veine oblitérée plus tard? Les auteurs que j'ai nommés ont d'ailleurs eu le tort d'adapter leur opinion à toutes les hémorrhoïdes sans distinction, tandis qu'elle ne peut supporter un instant l'examen pour les hémorrhoïdes internes. Delarroque est allé aussi loin que possible dans cette voie; car non-seulement il a admis que les hémorrhoïdes étaient formées par des agglomérations de kystes sanguins, mais il a vertement combattu l'opinion ancienne qui les attribuait à des varices.

Suivant une opinion très-rapprochée de la précédente, et qui a été émise par P. Bérard, dans l'article *hémorrhoïdes* du Dictionnaire en 30 volumes, la tumeur serait fournie, non pas toujours, mais souvent, par l'enkystement du sang à la suite de la rupture d'une varice préalable. Cette opinion s'appuie sur le même ordre de faits que la précédente. Sans être susceptible de démonstration rigoureuse, elle a cependant l'avantage d'admettre un point de départ analogue à celui qui est bien démontré pour les hémorrhoïdes naissantes, savoir, une dilatation variqueuse.

D'autres, parmi lesquels on cite Laënnec et Béclard, ont pensé que l'hémorrhoïde externe était constituée par du tissu érectile, c'est-à-dire par des mailles celluleuses dont les vacuoles seraient tapissées par la membrane interne de veines de nouvelle formation, développées dans le tissu cellulaire sous-tégumentaire. Les mêmes faits que tout à l'heure servent d'appui à cette théorie ; cependant la structure parfaitement érectile n'est pas facile à démontrer, en ce sens que là où l'on trouve les vacuoles contenant des caillots sanguins, on ne voit pas toujours la communication de ces vacuoles les unes avec les autres et avec les veines.

Il me paraît facile de concilier ces diverses opinions, sans se mettre en désaccord avec les faits. On ne peut nier qu'à leur début les hémorrhoïdes externes soient formées par des varices, puisque toutes les fois qu'on a occasion de les étudier à cette époque, on trouve la dilatation veineuse.

Ce point de départ une fois accepté, il devient indispensable de chercher l'explication des diverses formes que nous venons d'indiquer. Rien n'empêche d'admettre, avec P. Bérard (1) et

(1) Article HÉMORRHOÏDES du Dictionnaire en 30 volumes.

M. Jobert de Lamballe (1), qu'elles résultent de transformations analogues à celles que nous observons dans les varices d'autres régions du corps. Autour de l'anus, comme sur les membres, plus souvent même que sur les membres, sans doute à cause de la pression et de l'irritation incessamment occasionnées par la défécation et la station assise, les varices s'enflamment. Comme conséquences de ces petites phlébites récidivantes, il peut survenir : 1° une coagulation du sang ; 2° une oblitération de la veine en deçà et au delà de la coagulation ; 3° à la longue une résorption du caillot. Plaçons, à côté de ces modifications amenées par la phlébite dans les varices elles-mêmes , l'épaississement du tissu cellulaire ambiant par propagation de l'inflammation jusqu'à lui, nous aurons toutes les formes dont j'ai donné la description : des varices simples soulevant la muqueuse ou la peau, sans tuméfaction du tissu cellulaire ; une masse celluleuse, avec des caillots disséminés ; et enfin une masse celluleuse sans varices et sans caillots, constituant des tumeurs analogues à certaines verrues (*hémorrhoïdes verruqueuses de Curling, marisques ou figues des auteurs anciens*).

Sans doute on peut adresser à cette interprétation l'objection que, pour chacun des cas où il n'y

______

(1) *Loc. cit.*

a plus de communication évidente entre l'hémorrhoïde et les réseaux veineux, on ne pourra pas
donner la démonstration de l'origine variqueuse ;
mais, du moment où ce point de départ est incontestable dans toutes les hémorrhoïdes récentes, et
où la pathologie et la clinique font aisément comprendre les transformations ultérieures des varices
et du tissu cellulaire, il me paraît impossible de
trouver une théorie plus satisfaisante. Au besoin,
je l'appuyerais encore sur les notions que nous possédons concernant les hémorrhoïdes internes. Nous
verrons bientôt que celles-là sont incontestablement variqueuses à toutes les époques de leur
existence. N'est-ce pas une raison pour croire que
les hémorrhoïdes externes, qui ont tant d'analogie
avec elles, qui d'ailleurs coïncident si souvent avec
elles, ont une origine identique, et que la différence
du siége explique seule les différences de structure,
les hémorrhoïdes externes étant, par leur situation, beaucoup plus exposées à la phlébite, et le
tissu cellulaire de la région anale ayant une tendance à l'épaississement, qui n'existe pas dans les
points plus élevés du rectum.

Je consentirais d'ailleurs, sans perdre de vue
cette origine, à admettre aussi avec Bérard que,
dans certains cas, les varices se sont rompues et
ont permis au sang de s'infiltrer, et même de s'en-
kyster dans le tissu cellaire ; mais ce sera encore
une forme accidentelle consécutive aux varices,

et non une espèce particulière de la maladie.

En résumé, le tort qu'ont eu les auteurs que j'ai cités plus haut a été de donner une opinion trop exclusive, en présentant comme habituelle la structure qu'ils avaient eu l'occasion d'observer. La vérité est que cette structure est variable, et que les variétés dépendent des modifications survenues, tant dans les varices primitives que dans le tissu cellulaire environnant.

II. *Caractères anatomiques des hémorrhoïdes externes turgescentes.*

Nous ne les connaissons pas d'après les études cadavériques, parce que la mort n'a pas lieu habituellement pendant la turgescence des hémorrhoïdes, et que sur le cadavre on n'a jamais eu l'occasion d'examiner que les hémorrhoïdes affaissées. Nous sommes donc obligés de nous en tenir aux présomptions fondées sur l'observation clinique et sur les notions anatomiques relatives aux hémorrhoïdes flasques.

Il est incontestable, d'abord, qu'au moment où elles deviennent le siége du mouvement inflammatoire ou fluxionnaire, les hémorrhoïdes externes augmentent de volume et de consistance, s'arrondissent et se tendent; elles prennent en même temps une teinte bleuâtre du côté qui correspond à la membrane muqueuse.

Mais quels changements anatomiques surviennent alors dans leur intérieur? Sans doute ils varient suivant les modifications qui ont déjà eu lieu antérieurement dans la structure.

Lorsque l'état variqueux est prédominant, il est probable que la turgescence est due à un arrêt et à une coagulation analogues à ceux qu'on observe dans toutes les phlébites.

Il est probable aussi que le tissu cellulaire ambiant s'infiltre de sérosité et de matière plastique, et que c'est là parfois le point de départ du travail hypertrophique du tissu conjonctif.

Lorsque c'est la structure celluleuse qui prédomine, il est probable qu'une phlegmasie se développe encore dans le tissu conjonctif, et amène une nouvelle augmentation de volume qui pourra persister au moins en partie.

Je ne prétends pas dire par là que l'épaississement et l'hypertrophie du tissu conjonctif, dans les hémorrhoïdes externes, soient la conséquence exclusive d'un travail inflammatoire évident. On les voit aussi dans des hémorrhoïdes qui n'ont jamais été enflammées, et on peut les attribuer dès lors soit à une inflammation lente et inaperçue, soit à une modification nutritive difficile à préciser, analogue à celle qui amène le gonflement du prépuce à la suite de certains chancres, le sclérème des nouveau-nés, l'éléphantiasis des adultes.

III. *Caractères anatomiques des hémorrhoïdes externes indurées.*

Dans quelques cas rares les hémorrhoïdes externes, après être devenues une ou plusieurs fois
turgescentes, n'ont pas repris l'aspect et le volume
des hémorrhoïdes flasques, mais sont restées indu-
·rées. En pareil cas, le tégument a conservé son
épaisseur et sa structure normales, et ne présente
aucune des lésions qu'on observe dans un certain
nombre de verrues. On trouve sous la peau et sous
la muqueuse un tissu blanc, dense et d'apparence
fibreuse avec un peu de liquide séreux infiltré. On
ne voit dans l'épaisseur de ce tissu que quelques
rares vaisseaux sanguins, il n'y a plus ni les veines
évidentes des hémorrhoïdes variqueuses, ni les
cavités à contenu sanguin des hémorrhoïdes celluleuses; tout se réduit à une trame fibreuse, et,
d'après les antécédents, on est autorisé à penser que
cette trame est résultée de la transformation ultime
du tissu conjonctif, après coagulation d'abord et
oblitération des varices primitives, puis après résorption des caillots, et fusion des restes de la paroi
veineuse avec le tissu cellulaire ambiant passé de
plus en plus à l'état fibreux. C'est à cette variété
qu'on peut donner le nom d'hémorrhoïdes verruqueuses, quoique, des deux lésions habituelles,

les varices et l'hypertrophie celluleuse, on n'en
trouve ici qu'une, l'hypertrophie ou transformation fibreuse du tissu cellulaire. Vue à l'extérieur, surtout pendant la vie, l'hémorrhoïde
externe indurée ressemble beaucoup aux tumeurs
d'origine vénérienne que nous appelons *condylomes*. L'examen microscopique y trouve les différences suivantes : Dans l'hémorrhoïde, l'épaississement est dû bien plus au tissu conjonctif sous-
cutané qu'à la peau elle-même. Dans le condylome,
l'épaississement est le résultat d'une hypertrophie
des papilles dermiques, et surtout d'une hyper-
génèse épithéliale; c'est en un mot une lésion hypertrophique de la peau, tandis que l'hémorrhoïde
indurée est une lésion hypertrophique du tissu cellulaire. Je dois cependant déclarer que je n'ai pas
eu jusqu'à présent l'occasion d'étudier les caractères microscopiques des hémorrhoïdes indurées.
J'ai plusieurs fois invité M. Nicaise, ancien interne
de mon service et anatomiste distingué, à examiner
comparativement des hémorrhoïdes flasques et de
véritables condylomes ; les différences qu'il a con-
statées sont bien celles que je donnais tout à l'heure.
Je conclus par analogie que l'hémorrhoïde indurée
doit être aussi constituée par une hypertrophie
du tissu cellulaire ; mais je regrette que la rareté
de cette forme d'hémorrhoïdes m'ait empêché d'en
rencontrer dans ces derniers temps un exemple.

Il serait curieux que l'inflammation chronique produisît, avec l'induration, des lésions analogues à celles du condylome vénérien. Cela n'est pas probable, mais il ne m'est pas permis d'être plus affirmatif.

§ 2. — ÉTIOLOGIE.

Nous ne connaissons pas de causes spéciales ; le peu que nous savons sur ce sujet s'applique aussi bien aux hémorrhoïdes internes qu'aux externes.

Il n'y a surtout pas de causes occasionnelles évidentes, et je n'ai à signaler que des causes prédisposantes.

En premier lieu, je trouve des causes prédisposantes anatomiques et physiologiques, savoir : 1° la déclivité qui rend difficile la marche du sang veineux; 2° l'abondance des veines dans cette région où se trouve la jonction du système veineux général et du système de la veine porte ; 3° l'absence de valvules dans les réseaux dépendant de la veine porte, ce qui favorise la stase du sang dans tous les réseaux veineux de la région ; 4° la constipation, laquelle, en soumettant le rectum et l'S iliaque du côlon à une grande distension, soumet en même temps les veines sous-muqueuses de cet intestin et celles de l'anus à un certain degré de stase sanguine ; 5° la grossesse chez les femmes, et les tumeurs de toute espèce capables de comprimer la veine hypogastrique ou la fin de la petite mésaraïque ou l'iliaque primitive, et d'y ralentir assez la circulation pour que, de proche en proche, le sang s'accumule dans les veines de l'anus et amène leur état variqueux.

Pour que les hémorrhoïdes se produisent, il faut qu'une ou plusieurs de ces causes aient agi pendant longtemps, ou un grand nombre de fois. Il est sans doute nécessaire aussi que, par les progrès de l'âge, les parois veineuses se soient assez affaiblies pour se laisser distendre; car cette maladie ne se voit pas chez les enfants ni chez les jeunes gens (1), et n'apparaît guère avant vingt-cinq ou trente ans.

Les deux sexes y sont exposés, mais chez la femme la grossesse en est la cause la plus fréquente. Si l'on mettait cette origine à part, on trouverait les hémorrhoïdes beaucoup plus communes chez les hommes, sans qu'il soit possible d'en donner une explication satisfaisante.

(1) J'ai trouvé dans quelques ouvrages, et notamment dans celui de Delarroque, l'indication d'hémorrhoïdes chez les enfants. Mais les faits sont trop peu détaillés pour qu'on puisse être sûr qu'il ne s'agissait pas d'autre chose, de polypes du rectum par exemple. Il ne faut pas oublier, en effet, que jusqu'à nos jours on a admis l'existence des hémorrhoïdes sans y regarder, et tout simplement parce qu'il était question soit de saignements par l'anus, soit de douleurs pendant la défécation. Je croirai aux hémorrhoïdes externes chez les enfants lorsque j'en aurai vu, ou lorsqu'un observateur sérieux, après un examen bien fait, aura dit en avoir vu.

Mais, ne faudrait-il pas faire intervenir comme
cause prédisposante, et même dans une certaine
mesure, comme cause occasionnelle un de ces
afflux sanguins de cause inconnue qu'on a désignés sous les noms de congestion ou fluxion hémorrhoïdale? Stahl (1) et Alberti au xviiie siècle, Montègre (2) et Roche (3) au xixe, ont tout particu-
lièrement insisté sur cette fluxion sanguine. Ils en
font partir la lésion veineuse qui, suivant eux,
n'est qu'une conséquence de la distension souvent
répétée, la maladie principale étant essentiellement
constituée par l'afflux sanguin qui se fait de temps
à autre dans le système vasculaire du rectum.

Mais soumise au contrôle de l'observation cette
théorie devient bientôt insoutenable. En effet, en
dehors des explications anatomiques et physiologiques que j'ai données pour l'origine des varices anales, explications analogues à celles que
nous sommes forcés d'invoquer pour les autres
varices, notamment celles des jambes et celles du
scrotum, comment démontrer l'existence d'un
trouble physiologique consistant en un afflux sanguin? Il faudrait trouver des malades qui, plus ou
moins longtemps avant de sentir des tumeurs
et de constater l'afflux, auraient eu fréquem-

(1) *Loc. cit.*
(2) Art. Hémorrhoïdes du *Dict. de méd.* en 50 vol.
(3) Art. Hémorrhoïdes du *Dict. de méd.* en 15 vol.

ment et à d'autres moments qu'à ceux des garde-
robes, la sensation de plénitude gênante ou douloureuse, ou bien il faudrait avoir eu l'occasion de
faire des explorations pour constater cette congestion à l'époque où il n'y avait pas encore de tumeur. Or, la question n'a pas été jugée avec des
arguments de cette sorte ; on a observé des hémorrhoïdaires qui avaient de temps en temps la
plénitude congestive de leurs varices hémorrhoïdales, d'abord petites, puis de plus en plus volumineuses, mais cette plénitude résultait plutôt de
la stase mécanique dont j'ai tout à l'heure exposé
les causes très-appréciables, que de l'afflux dynamique et physiologico-pathologique dont on a
parlé si complaisamment, sans pouvoir le démontrer.

On donne encore comme cause prédisposante et,
à la longue, occasionnelle des hémorrhoïdes, l'emploi de certains purgatifs et notamment de l'aloès.
On a même été jusqu'à conseiller quelquefois l'u-
sage de ce médicament pour faire naître des hémorrhoïdes, ou pour déterminer des congestions
vers celles qui existaient déjà. Ici je crains qu'on
ait fait une confusion, et qu'on ait trop facilement
conclu, sans examen, de la production de quelques
douleurs anales à la production d'hémorrhoïdes. Il
me paraît incontestable que l'aloès, administré plusieurs semaines de suite à la dose de 10 à 30 cen-

tigrammes par jour, peut produire, avec les envies fréquentes d'aller à la garde-robe et les efforts répétés d'expulsion, une tendance au prolapsus de la muqueuse et une certaine douleur, compagne inévitable de ce prolapsus. Il n'est pas moins évident que, dans les cas où des hémorrhoïdes internes ou externes existent déjà, ces tumeurs, irritées par le ténesme et les efforts répétés, peuvent se congestionner, s'enflammer, saigner même, si elles étaient excoriées auparavant, ou si les efforts nouveaux amènent une excoriation qui n'existait pas encore. Mais, d'une part, ce n'est pas en vertu d'une propriété congestive particulière des veines hémorrhoïdales que l'aloès agirait; c'est en provoquant des garde-robes réitérées, et sans doute tout autre purgatif employé de la même façon donnerait les mêmes résultats. En second lieu, si le gonflement et le saignement des hémorrhoïdes déjà existantes et notamment des hémorrhoïdes internes sont provoqués par l'aloès, ce n'est pas une raison pour que les varices initiales des hémorrhoïdes externes lui soient dues. Au moins, je n'ai pas eu l'occasion de constater ce phénomène, et je ne vois pas que ceux qui en ont parlé l'aient constaté eux-mêmes. Ils me paraissent avoir fait, comme font les malades, c'est-à-dire avoir appelé hémorrhoïdes les douleurs et le saignement qui surviennent passagèrement après l'administration souvent répétée de l'aloès, mais je ne crois pas qu'ils aient examiné l'anus pour savoir si avant l'emploi du médicament, il n'y avait pas déjà des tumeurs, et des varices hémorrhoïdales, et si réellement il s'en est formé après cet emploi. Nous avons là un exemple, à ajouter à bien d'autres, de la facilité avec laquelle on a accepté, sans examen, pour cette maladie, une opinion avancée à la légère.

Il est vrai que n'ayant jamais eu l'occasion de prescrire l'aloès en vue de provoquer des hémorrhoïdes, par la raison toute simple que je considère cette provocation comme inutile, sinon comme dangereuse, je ne saurais appuyer mes doutes sur mon observation personnelle. J'invoquerai donc l'autorité d'un des médecins les plus compétents de notre époque. M. le professeur Trousseau s'exprime ainsi dans l'article *Aloès* (propriétés thérapeutiques) du Dictionnaire en 30 volumes : « Toutefois, il n'est pas toujours facile d'ob-« tenir ce dernier résultat (faire naître les hémor-« rhoïdes). J'avoue que j'ai bien souvent cherché à « l'obtenir et que mes efforts ont toujours été inu-« tiles. J'ai pu, il est vrai, dans le plus grand « nombre de cas, causer une vive irritation de l'ex-« trémité de l'intestin, une pesanteur incommode « dans le bas-ventre, quelquefois même un écou-« lement de sang assez abondant par les vaisseaux

« hémorrhoïdaux; mais je ne pouvais développer
« de véritables tumeurs hémorrhoïdales, à moins
« que les malades n'en eussent eu auparavant. »

Il y a donc dans ce sujet deux questions importantes qui ne me paraissent pas avoir été soumises
jusqu'ici à l'observation rigoureuse qui fait le caractère de notre médecine contemporaine. La première est de savoir s'il est vraiment utile de faire
naître la maladie ou l'infirmité hémorrhoïdaire
chez ceux qui n'en sont pas encore atteints; la seconde est de déterminer si réellement l'aloès ou
tout autre purgatif amène ce résultat. Pour moi,
n'ayant vu et ne trouvant aucun fait positif à
l'appui de l'une et de l'autre propositions, je les
déclare toutes les deux inexactes.

Quant à l'épaississement du tissu cellulaire, qui
entre pour une grande part dans la constitution
des hémorrhoïdes externes, nous ne pouvons lui
reconnaître les mêmes causes que pour le développement des varices; car ce ne sont ni la constipation ni les conditions anatomiques défavorables
au retour du sang veineux qui peuvent amener
ces modifications. Elles sont, comme je l'ai dit
plus haut, la conséquence de l'état variqueux et
surtout des inflammations successives qui, survenues dans les varices, se sont propagées au tissu
ambiant,

§ 3. SYMPTÔMES DES HÉMORRHOÏDES EXTERNES.

I. *Symptômes des hémorrhoïdes tout à la fois cutanées et muqueuses*. — Je supposerai d'abord (ce sont les cas les plus fréquents) que les hémorrhoïdes ne sont plus récentes, et qu'elles sont ou cutanées et muqueuses, ou cutanées seulement. Je m'occuperai plus loin de la symptomatologie des hémorrhoïdes externes muqueuses.

Les symptômes diffèrent suivant que les tumeurs sont flasques, turgescentes ou indurées.

A. *Symptômes des hémorrhoïdes flasques*. Pour les hémorrhoïdes *flasques*, il n'y a habituellement pas de symptômes fonctionnels : aucune douleur, aucune gêne, ni dans la station assise, ni pendant la marche, ni au moment de la défécation. Qu'il s'agisse d'une hémorrhoïde solitaire ou d'un bourrelet, du moment où les tumeurs sont affaissées, tout se borne à quelques symptômes physiques : prolongements cutanés, ridés à leur surface, mous et indolents au toucher, si peu incommodes que le chirurgien n'est appelé à les voir que dans les cas où il est consulté pour quelque autre maladie de la région ano-périnéale.

De temps en temps cependant, les hémorrhoïdes externes, sans passer à la turgescence inflammatoire, se gonflent un peu, donnent lieu à quelques

cuissons ou démangeaisons pendant une demi-
heure ou trois quarts d'heure. Mais ce sont encore
des phénomènes tout à fait passagers et trop peu
douloureux pour que le chirurgien soit consulté.

Cet état de choses mérite-t-il d'être appelé congestion, fluxion hémorrhoïdaire? Assurément ces
mots ont un sens trop peu précis pour qu'on soit
blâmé de les employer, si on le juge convenable.
Mais, comme il n'est pas certain que ce gonflement
léger et ces démangeaisons soient occasionnés
par l'accumulation du sang dans la portion variqueuse de la tumeur, comme il est même probable
qu'il s'agit seulement dans ces cas d'une irritation
de la peau, et, par suite, du tissu cellulaire encore
lâche de l'hémorrhoïde, il vaut mieux ne pas appliquer ici ces mots de fluxion et de congestion,
dont on a tant abusé. Remarquez d'ailleurs que
ces petites modifications passagères ne se terminent
pas habituellement par l'issue du sang, comme
cela a lieu pour les hémorrhoïdes internes, à la
suite de leur distension préalable qu'on pourrait à
la rigueur considérer comme résultant d'une
fluxion.

Il n'est pas impossible non plus que la peau de-
vienne, sur les hémorrhoïdes externes, eczéma-
teuse ou érythémateuse, et que, ces dermatoses
prenant la forme humide, donnent lieu à des
démangeaisons et à de véritables douleurs; il n'est

pas impossible même que des excoriations cutanées étendues, ou des gerçures occupant l'ouverture anale se produisent à la suite de l'eczéma. Mais, en pareil cas, les symptômes qui surviennent appartiennent à la peau et non pas aux hémorrhoïdes elles-mêmes. .

B. *Symptômes des hémorrhoïdes externes turgescentes.* J'appelle *turgescentes* les hémorrhoïdes externes qui se gonflent douloureusement et d'une façon passagère. Ce gonflement, s'accompagnant de douleur et de chaleur, doit être considéré comme de nature inflammatoire; on pourrait dès lors dire aussi bien que les hémorrhoïdes sont enflammées; et comme le point de départ de la turgescence inflammatoire est souvent une accumulation de sang dans les varices hémorrhoïdaires, on pourrait encore dire de ces hémorrhoïdes qu'elles sont congestionnées. En un mot, il n'y a pas d'appellation universellement adoptée pour les phénomènes dont je vais donner la description, non pas qu'ils soient restés inconnus, mais parce qu'on les a confondus avec les accidents des hémorrhoïdes internes, pour lesquelles les auteurs dont j'ai parlé plus haut avaient fait adopter l'idée de congestion ou fluxion plutôt que celle d'inflammation.

Il est très-vrai que le gonflement douloureux des hémorrhoïdes externes coïncide souvent avec le prolapsus douloureux des hémorrhoïdes internes, mais il n'est pas moins vrai que beaucoup de sujets atteints exclusivement des premières nous consultent de temps en temps pour un état douloureux qui n'a pas les mêmes suites et ne réclame pas les mêmes moyens que l'état douloureux des secondes, et qui, à cause de cela, doit être décrit à part.

La turgescence inflammatoire arrive quelquefois à la suite d'une constipation opiniâtre, ou après un excès de table; souvent aussi on la voit survenir sans cause appréciable. Elle a pour symptômes fonctionnels une douleur assez vive quand le malade s'asseoit, quand il marche, quand il va à la garde-robe, ou quand il presse avec ses doigts. Il s'y ajoute parfois du ténesme vésical, c'est-à-dire un besoin trop fréquent d'uriner, besoin suivi de l'émission plus ou moins douloureuse d'une petite quantité d'urine. Comme symptômes physiques, on trouve à la région anale, au lieu de la production molle et flasque dont nous parlions tout à l'heure, une tumeur arrondie, tendue, lisse, consistante, rosée du côté externe, violacée du côté interne où se trouve la membrane muqueuse.

La tumeur occupe un des points du contour anal, lorsqu'il s'agit d'une hémorrhoïde solitaire; toute une moitié de ce contour, lorsqu'il s'agit d'un demi-bourrelet; le contour entier, lorsque le bourrelet est complet ou circulaire. Dans ce dernier cas, quoique le bourrelet ne présente, en réalité, aucune interruption, on voit cependant çà et là sur sa surface des sillons peu profonds qui indiquent la séparation primitive des diverses varices initiales.

Tous les phénomènes vont en augmentant pendant deux ou trois jours; ils s'accompagnent rarement de fièvre, et permettent presque toujours au malade de se lever et de marcher, en l'obligeant seulement à modérer ses exercices. Puis une période stationnaire arrive, laquelle, après une nouvelle durée de deux ou trois jours, se termine par une diminution progressive des tumeurs, et de la souffrance ou de la gêne qu'elles occasionnaient. Après sept à dix jours de durée, la crise est terminée, et les hémorrhoïdes sont redevenues flasques, en conservant quelquefois un volume un peu plus considérable que celui qu'elles offraient auparavant. Le gonflement et la douleur étaient dus tout à la fois à l'accumulation du sang et à celle de la sérosité exhalée dans le tissu conjonctif en vertu du travail phlegmasique. Au bout de quelques jours, l'absorption s'est emparée de ces deux liquides et tout est rentré dans l'ordre.

Mais, si la résorption est le mode de terminaison le plus fréquent, est-il le seul possible? Non; j'ai eu l'occasion de voir deux fois la turgescence se terminer par une rupture. Dans l'un des cas, il s'agissait d'une hémorrhoïde solitaire formant un bouton un peu plus gros qu'un grain de cassis, dans le second, d'un demi-bourrelet très-volumineux. Les malades étaient entrés à l'hôpital de la Pitié avec une turgescence ordinaire que je supposais devoir se terminer, comme cela a lieu d'habitude, par résolution. Mais, le troisième jour de la crise, je trouvai sur la face interne de l'hémorrhoïde congestionnée, chez le premier malade, une petite ouverture ; chez le second, deux, qui étaient recouvertes et cachées par un caillot sanguin. La consistance de ce caillot était telle, que je crus d'abord à une eschare ; mais, en exerçant une pression légère sur la tumeur, je vis sortir un caillot mou et noir qui repoussa la couche extérieure un peu plus dure, formée évidemment par du sang coagulé et desséché. Ce sont les deux seuls cas dans lesquels j'aie constaté *de visu* la rupture d'hémorrhoïdes externes turgescentes. Mais, d'après les renseignements que m'ont donnés plusieurs malades, qui me paraissent avoir eu antérieurement des turgescences de ce genre, je suis porté à croire que ce mode de terminaison n'est pas très-rare. Les malades, du reste, n'indiquant pas en pareil cas un écoulement notable de sang, il n'y a pas, comme dans les hémorrhoïdes internes, un véritable flux. Il n'y a qu'issue de

sang plus ou moins coagulé, issue qui se traduit
seulement par la contamination de la chemise en
rouge foncé. Mais que devient cette rupture et
avec elle le sang coagulé de la petite tumeur ? Sur
le premier de mes malades, la cavité a suppuré
après la sortie du caillot ; dans la pensée qu'une
fistule pourrait s'établir, j'ai incisé crucialement,
j'ai pansé le fond de la petite cavité hémorrhoïdaire avec de la charpie sèche, et en quelques
jours tout a été guéri. Chez l'autre, les ouvertures
se sont cicatrisées avant que le caillot tout entier
ait été expulsé, et la guérison s'est faite par résorption du reste, et sans suppuration, comme
dans les cas ordinaires. Il peut donc survenir, à
la suite de cette rupture, une suppuration et peut-
être une fistule sous-cutanée. Mais la guérison
sans suppuration peut également avoir lieu.

N'arrive-t-il pas aussi que, sans ouverture préalable, la turgescence se termine par suppuration,
c'est-à-dire que l'hémorrhoïde, après s'être gonflée,
se ramollisse, puis s'ouvre et laisse sortir du pus
mélangé de sang ?

Il est rationnel de croire que les choses peuvent
en effet se passer quelquefois de cette façon et que,
même une de ces fistules cutanées que j'ai ailleurs
appelées fistulettes (1) s'établisse consécutivement.

---

(1) Article Anus du *Nouveau dictionnaire de médecine et de chirurgie pratiques.*

Je n'ai jamais vu la phlébite suppurative et l'infection purulente suivre la turgescence des hémorrhoïdes externes. Possible en théorie, cette grave complication me paraît absolument démentie par l'observation clinique.

Avant d'aller plus loin, je suis obligé de poser encore cette question : quelle idée devons-nous nous faire du travail morbide qui a lieu dans la turgescence douloureuse des hémorrhoïdes externes?

Si l'on consulte les auteurs modernes, on voit qu'ils n'ont pas établi de distinction entre les accidents des hémorrhoïdes internes et ceux des hémorrhoïdes externes, et que, pour les unes comme pour les autres, ils semblent admettre surtout une congestion ou fluxion. Que veut-on exprimer par ces mots? Sans doute un afflux et une accumulation momentanée du sang en plus grande quantité qu'à l'ordinaire dans les veines variqueuses, en vertu d'une tendance ou d'un besoin particulier de l'organisme. Il est probable, en effet, qu'à l'époque où l'hémorrhoïde externe, encore récente, est formée presque exclusivement par une varice, l'inflammation doit occuper cette varice et s'y caractériser par la coagulation du sang dans la veine enflammée.

Mais pourquoi donner à cette phlébite le nom de congestion, pourquoi cette hypothèse qui veut

laisser croire que le point de départ est un afflux
de sang résultant d'une action physiologique pro-
blématique? La phlébite n'est-elle pas tout aussi
bien la conséquence d'une contraction du sphincter, d'une pression trop violente ou d'une déchirure veineuse au moment de la défécation, ou enfin
d'une constipation opiniâtre qui a amené une compression plus forte des veines hémorrhoïdales?
Peut-être aussi faut-il faire intervenir un état particulier du sang, comme celui qui est consécutif
aux excès de table, état par suite duquel ce liquide
se coagule d'autant plus facilement dans les veines,
que celles-ci sont déjà modifiées dans leur structure par la dilatation? En un mot, pourquoi les
varices extérieures de l'anus ne s'enflammeraient-
elles pas comme celles des membres inférieurs?
Je veux bien que quelques-unes des explications
que je viens de donner soient difficiles à démontrer par l'observation. Mais la congestion est encore
moins démontrable, et n'a pas du moins pour elle
cette analogie avec la phlébite variqueuse des
membres inférieurs.

Lorsque les hémorrhoïdes sont anciennes, il est
encore plus difficile d'admettre la congestion, car
l'élément veineux s'est amoindri ou a disparu.
C'est surtout le tissu conjonctif qui s'enflamme et
se tuméfie. Or, pourquoi admettrait-on pour cette
inflammation un effort particulier, un *nisus* plutôt

qu'une compression, une contusion ou une excitation due aux qualités du sang? Il en est d'ailleurs de cette maladie comme de tant d'autres; sa nature est souvent impossible à démontrer. Elle nous échappe, mais qu'on en convienne franchement, et qu'on ne masque pas son ignorance derrière des mots prétentieux auxquels on donne une signification mal définie ou illusoire.

Et c'est parce que, d'une part, je ne suis pas bien sûr de la nature du phénomène, que je l'appelle turgescence; c'est, d'une autre part, parce qu'il me paraît ressembler à l'inflammation, telle que nous la comprenons en pathologie, plus qu'à toute autre chose, que je l'appelle volontiers turgescence inflammatoire.

Récidives. Lorsque la turgescence d'une ou de plusieurs hémorrhoïdes s'est terminée par résolution, et que les tumeurs sont redevenues flasques, elles peuvent s'enflammer de nouveau. Mais cette récidive n'est pas très-fréquente, on ne la voit guère apparaître (sauf les cas d'hémorrhoïdes internes concomitantes dont je ne m'occupe pas en ce moment) qu'après plusieurs années. Chez beaucoup de sujets même, la turgescence n'a lieu qu'une seule fois pendant la vie.

Cette rareté des récidives distingue essentiellement les hémorrhoïdes externes des internes, et donne aux premières un caractère spécial qui n'a pas été suffisamment signalé. On a décrit en bloc la congestion, la fluxion ou l'inflammation douloureuse des hémorrhoïdes, sans dire ce qu'il y avait de particulier pour celles qui sont externes. Elles offrent cependant cette différence, que les accidents des hémorrhoïdes internes sont essentiellement récidivants ou permanents, tandis que ceux des hémorrhoïdes externes sont essentiellement passagers.

C. *Symptômes des hémorrhoïdes indurées.* Lorsque l'hémorrhoïde externe, après avoir été plusieurs fois enflammée, passe à l'induration permanente dont j'ai parlé, elle se présente sous la forme d'une tumeur rosée, indolente, plus dure à la pression que les hémorrhoïdes flasques.

A cet état, l'hémorrhoïde n'est plus guère susceptible de prendre la turgescence inflammatoire, celle qui est due à l'inflammation parenchymateuse développée simultanément dans les varices et dans le tissu cellulaire de la tumeur. Mais quelquefois la peau qui la recouvre devient le siége d'un érythème humide et d'excoriations plus ou moins larges, douloureuses au contact de tous les objets extérieurs, et à celui des garde-robes. Cet érythème et cette excoriation peuvent disparaître, puis récidiver, ou bien ils se prolongent indéfiniment avec des poussées analogues à celles que nous voyons survenir de temps à autre dans l'eczéma et l'érythème chroniques.

Cette variété d'hémorrhoïdes est rare, et, quand on la rencontre, elle a toujours une certaine analogie avec les condylomes, qui sont formés également ment par une tumeur assez dure, sans empâtement, et s'accompagnent aussi d'érythème et d'excoriations. La ressemblance est assez grande pour qu'on puisse être embarrassé. Le diagnostic s'établit de la manière suivante : le condylome est presque toujours en arrière et composé de deux parties latérales aplaties qui se réunissent sur la ligne médiane en limitant une concavité antérieure, dont on ne peut voir le fond que si l'on écarte avec force les deux côtés de l'anus. Quelquefois il est creusé dans cette concavité d'un ulcère chancreux ; quelquefois aussi, mais c'est loin d'être constant, il s'accompagne de syphilis constitutionnelle. L'hémorrhoïde externe indurée est habituellement sur le côté, formée d'un seul lobe arrondi ou conique, sans ulcération chancreuse, sans syphilis constitutionnelle. On voit de plus à côté d'elle des hémorrhoïdes flétries, et il est possible que le malade ait eu antérieurement ou ait encore actuellement des hémorrhoïdes internes occasionnant quelque accident. Du reste, si le praticien avait des raisons pour rester dans le doute entre un condylome et une hémorrhoïde

externe indurée, il ne devrait pas trop s'en préoccuper. Le traitement est le même dans les deux
cas; l'excision doit être pratiquée, pourvu qu'on
se soit bien assuré qu'il n'y a pas de chancre
anal ni de manifestations syphilitiques constitutionnelles.

II. *Symptômes des hémorrhoïdes exclusivement muqueuses.* — J'ai dit que j'indiquerais à part les
symptômes propres à cette variété d'hémorrhoïdes
externes, qui est constituée seulement par la membrane muqueuse et par un développement variqueux au-dessous d'elle.

Ces hémorrhoïdes externes muqueuses sont ordinairement petites, soit parce qu'elles sont récentes, soit parce qu'étant anciennes, elles n'ont
pas eu d'aptitude à se développer, et que le tissu
cellulaire ambiant n'a pas pris, nous ne savons
pourquoi, les modifications habituellement carac-
téristiques de l'hémorrhoïde externe.

Voici quels sont les symptômes dans ces cas :

Le plus souvent, il n'y a aucun symptôme
fonctionnel; le malade ne souffre pas, ne saigne
pas, ne sent pas de douleur. Mais quelquefois
les petites tumeurs saignent au moment où l'on
va à la garde-robe. Cela se comprend : la muqueuse est mince; son épithélium et son derme
lui-même sont déchirés par le passage des ma-

tières fécales; alors les malades rendent un peu de sang; ils s'en tourmentent et consultent.

Il n'est pas impossible d'ailleurs que ces hémorrhoïdes externes soient de temps en temps distendues plus qu'à l'ordinaire par l'accumulation du sang, et que cette accumulation favorise la déchirure et l'écoulement sanguin. En un mot, l'hémorrhoïde, quoique externe, quoique placée constamment au-dessous du sphincter de l'anus, à l'endroit où commence la membrane muqueuse, présente quelques-uns des phénomènes qui se voient plus habituellement dans les hémorrhoïdes internes.

On peut observer aussi, en pareil cas, un autre symptôme appartenant encore plus souvent aux hémorrhoïdes internes qu'aux externes, c'est la douleur produite par une excoriation devenue permanente à la surface de l'hémorrhoïde muqueuse. Quelquefois en effet, à la suite d'une rupture occasionnée par le passage des matières fécales, la solution de continuité ne se cicatrise pas et devient une fissure; c'est la fissure portée sur une petite hémorrhoïde externe muqueuse, au lieu que la fissure ordinaire repose sur la membrane muqueuse non hémorrhoïdaire.

Par cette raison qu'on observe sur cette variété d'hémorrhoïdes placées à l'extérieur, des phénomènes analogues à ceux des hémorrhoïdes in-

ternes, on pourrait les considérer, avec M. Curling, comme intermédiaires aux internes et aux
externes.

Si l'on examine les individus qui ont de ces saignements par des hémorrhoïdes externes muqueuses, voici les caractères physiques qu'on observe.
On découvre en écartant les deux fesses et en
entr'ouvrant un peu l'orifice anal une petite tumeur rougeâtre qui est lisse à sa surface, s'il
n'y a pas d'excoriation persistante, inégale au contraire et finement granulée si l'excoriation existe.

§ IV. — PRONOSTIC.

Il résulte de ce que j'ai dit, que les hémorrhoïdes
externes ne sont pas graves et ne constituent habituellement ni une maladie, ni une infirmité. La
plupart des sujets qui en sont atteints, sans hémorrhoïdes internes concomitantes, n'en souffrent
jamais ou souffrent une fois, deux fois, trois fois au
plus dans leur vie; cette souffrance, due à la turgescence inflammatoire ou à quelque lésion de la
peau recouvrant les hémorrhoïdes, est tout à fait
passagère et ne peut pas être comparée aux inconvénients si rebelles, si résistants, si récidivants
des hémorrhoïdes internes.

Sans doute les vrais hémorrhoïdaires, ceux qui

ont des hémorrhoïdes internes saignantes, douloureuses et faisant un prolapsus plus ou moins incommode, ont en même temps des hémorrhoïdes
externes qui se gonflent et s'enflamment toutes
les fois que les hémorrhoïdes internes restent au
dehors. Mais alors, c'est seulement à cause et par
le voisinage des hémorrhoïdes internes que les externes deviennent fâcheuses. Par elles-mêmes et
seules, ces dernières ne sont pas gênantes, ou ne
le deviennent qu'exceptionnellement.

. Le pronostic est un peu plus fâcheux quand
l'hémorrhoïde est devenue indurée parce que
le malade est condamné, soit à garder indéfiniment sa tumeur, soit à s'en faire débarrasser par
une opération. Mais, on se le rappelle, cette terminaison par induration est très-rare.

§ V. — TRAITEMENT.

1° Pour les hémorrhoïdes flasques, molles et
indolentes, il n'y a absolument rien à faire.

2° Pour celles qui sont légèrement turgescentes, sans douleur, avec un peu de tuméfaction,
rien à faire encore que quelques applications
froides.

3° Quand les hémorrhoïdes externes sont passées à cet état de turgescence qu'on peut attribuer
à l'inflammation aiguë, le repos, l'application de

linges mouillés d'eau froide, les cataplasmes de
fécule froids, les bains de siége frais ou tièdes,
les sangsues, lorsque le sujet est fort, sont les
moyens qu'il convient d'employer; on y ajoute
des laxatifs donnés tous les jours pour faciliter les
garde-robes, à moins que les évacuations, même
avec les laxatifs, n'augmentent trop la douleur et
n'amènent une contraction spasmodique de l'anus,
auquel cas il faut se contenter d'un purgatif tous
les quatre ou cinq jours. On a conseillé encore
diverses pommades, telles que le cold-cream, le
beurre de cacao, le mélange d'axonge et d'extrait de ratanhia dans la proportion de 4 grammes
pour 30. Tous ces moyens amènent un certain soulagement, sans doute à cause de la réfrigération
momentanée de la région malade.

Lorsque l'inflammation est excessivement douloureuse, soit à cause de l'excès de distension des
hémorrhoïdes, soit parce que le sujet est prédis-
posé à la douleur par un état particulier de son
système nerveux, ne peut-on pas essayer de calmer
la souffrance et de hâter la terminaison de la crise
inflammatoire par une ou deux ponctions sur chacune des hémorrhoïdes? Je n'y verrais pas d'inconvénients, attendu que cette petite opération est
sans danger; quand on la pratique, en effet, l'instrument entame bien le tissu cellulaire, mais il
n'intéresse pas gravement les veines qui sont ou

placées trop profondément pour être atteintes, ou assez oblitérées déjà par les caillots sanguins pour qu'on n'ait pas à craindre l'infection purulente. Le malade n'est donc pas exposé, comme cela a lieu quand on opère des hémorrhoïdes internes, aux accidents de la phlébite suppurée.

Je n'ai cependant pas jusqu'à présent fait cette petite opération, bien qu'elle soit indiquée dans plusieurs auteurs et préconisée dans l'ouvrage récent de M. Curling; c'est parce que les malades auxquels j'ai eu affaire ne souffrant pas démesurément, il n'y avait pas lieu d'essayer ce moyen, et parce qu'il m'a semblé, d'autre part, que la résolution ne devait pas être beaucoup plus rapide après la ponction que sans elle.

Ne pourrait-on pas, pour les cas de ce genre, exciser les hémorrhoïdes avec les ciseaux? S'il n'y en avait qu'une, je n'y verrais pas encore grand inconvénient, attendu que cette excision porterait sur la peau et le tissu cellulaire, très-peu sur les veines béantes, pour les raisons que j'indiquais tout à l'heure; cependant, comme il est certain qu'à part une récidive possible mais douteuse de la crise inflammatoire, le malade ne conservera ultérieurement aucun inconvénient du séjour de la tumeur, je trouve plus sage d'abandonner l'hémorrhoïde à elle-même que de l'enlever; à plus forte raison, devrait-on s'abstenir si, les hémorrhoïdes étant multiples, on était exposé par leur ablation aux suites possibles d'une plaie un peu étendue.

4° Si l'on se trouvait en présence d'une turgescence avec rupture spontanée, comme j'en ai signalé deux cas à la page 43, le mieux serait encore de s'en tenir aux réfrigérants et au repos. Si la rupture se cicatrisait, et que le travail de résorption poursuivît son cours, il n'y aurait rien de plus à faire. Si par hasard la suppuration arrivait, l'incision cruciale ou l'excision des parois de la poche devrait être pratiquée.

5° Que si l'hémorrhoïde externe était indurée, si elle occasionnait des souffrances ou seulement de la gêne, par suite d'un érythème habituel ou récidivant, si surtout elle était le siége d'une érosion douloureuse pendant et après la défécation, il y aurait lieu de pratiquer l'ablation, et on la ferait avec d'autant plus de sécurité que, dans cette variété d'hémorrhoïdes, les veines ont tout à fait disparu, et la phlébite n'est nullement à craindre.

J'ai fait deux fois cette opération, la dernière fois en particulier sur une femme enceinte qui avait une hémorrhoïde indurée des plus douloureuses. La petite plaie s'est cicatrisée très-rapidement, et les malades ont bientôt retrouvé la santé.

L'exécution est des plus simples. Le patient étant couché sur le dos, les jambes fléchies sur les cuisses et les cuisses sur le bassin, comme pour l'opération de la taille, ou bien étant couché sur le côté comme pour celle de la fistule à l'anus, on saisit chacune des hémorrhoïdes, le plus près possible de sa base, avec une pince à griffes, on l'attire doucement afin de la tendre, et, avec des ciseaux courbes, on l'excise juste au niveau de l'implantation. Pour le pansement, on met un peu de charpie mouillée d'eau froide que le malade renouvelle deux ou trois fois dans la journée.

6° Si, enfin, on avait affaire à une de ces petites hémorrhoïdes muqueuses qui ressemblent sous certains rapports aux hémorrhoïdes internes, s'il y avait saignement, douleur surtout, je proposerais de la traiter comme je traite les hémorrhoïdes internes, c'est-à-dire par la cautérisation avec un pinceau trempé dans l'acide azotique monohydraté, ou, à défaut de ce dernier, dans du nitrate acide de mercure. Cette cautérisation, qui a pour effet de détruire la surface excoriée et avec elle la source des hémorrhagies, est suivie d'une guérison prompte et facile. En pareil cas, on doit s'abstenir d'excision, car l'hémorrhoïde étant plus vasculaire que celluleuse, il pourrait survenir une hémorrhagie ou une phlébite, accidents à l'abri desquels on est mis par la cautérisation.

CHAPITRE III

Nous comprenons sous ce nom les développements variqueux des veines ou des réseaux sous-
muqueux de l'extrémité inférieure du rectum,
développements qui ont lieu à 8 ou 10 millimètres de l'ouverture anale, et à l'extrémité de
cette portion de l'intestin qui est fermée par les
sphincters. Habituellement cachées dans l'intérieur du rectum, elles méritent bien, à cause de
cela, le nom d'hémorrhoïdes internes. Mais nous
allons voir que, les accidents dont elles sont l'occasion dépendant presque toujours de leur sortie
et de leur présence à l'extérieur, elles forment en
réalité des tumeurs externes, lorsque nous sommes
appelés à leur donner des soins chirurgicaux.

§ Ier. — CARACTÈRES ANATOMIQUES.

Nous avons ici à nous demander quels sont les
caractères anatomiques des hémorrhoïdes internes
séjournant habituellement ou toujours dans le
rectum, quels sont ceux des hémorrhoïdes internes
sorties et que nous appellerons désormais *procidentes*.

1° *Hémorrhoïdes internes séjournant dans le rectum.*

C'est ainsi qu'elles se présentent sur le cadavre, d'abord parce que la mort n'arrive pas habituellement pendant une crise d'hémorrhoïdes internes en prolapsus, ou parce que, si par hasard elle a lieu dans cette circonstance, la diminution de volume qui se fait après l'extinction de la vie est suivie d'une réduction, qui remet les tumeurs dans la situation où elles sont sur la plupart des cadavres.

Quand les hémorrhoïdes internes sont ainsi cachées dans le rectum, non-seulement elles ne font pas à l'extérieur de saillie qui frappe l'attention de l'anatomo-pathologiste, mais elles ne font pas non plus de saillie appréciable dans l'intestin, si bien que l'anatomiste qui fend un rectum pour l'étudier ne rencontre rien qui doive lui paraître anormal. Cette absence de tumeur s'explique par un fait très-simple : les hémorrhoïdes rentrées ne contiennent, surtout après la mort, qu'une petite quantité de sang; or, comme elles sont formées presque exclusivement par des varices, elles ne doivent faire aucun relief.

Voilà pourquoi on est passé si souvent à côté des hémorrhoïdes sans les voir, et pourquoi les anatomistes, qui ont injecté des veines du rectum sur des sujets dont ils ne connaissaient pas les antécédents, ont en réalité préparé souvent, sans le savoir, des varices hémorrhoïdales, au lieu des veines naturelles qu'ils cherchaient à montrer. Voilà aussi pourquoi, dans nos descriptions anatomo-pathologiques, on a jusqu'à présent confondu les hémorrhoïdes internes et les externes, et appliqué à tort aux premières qu'on ne voyait pas sur le cadavre les résultats d'investigations faites sur les secondes que l'on découvrait aisément.

Pour élucider ce sujet, une condition qui me paraît avoir manqué jusqu'à présent était nécessaire. Il fallait être sûr que les veines dont on faisait l'injection et la préparation avaient bien appartenu à un sujet hémorrhoïdaire.

Cette occasion s'est présentée pour moi en 1864, et je me suis d'autant plus empressé de la saisir que, les hémorrhoïdes étant anciennes, je pouvais voir si le temps avait amené dans leurs dispositions anatomiques des changements analogues à ceux que nous connaissons pour les hémorrhoïdes externes.

Il s'agit d'un homme de 62 ans que j'ai longuement interrogé. Il était tourmenté depuis plus de vingt-cinq ans par des hémorrhoïdes internes, qui sortaient au moment de la défécation et occasionnaient fréquemment des douleurs. Ces dernières ne disparaissaient qu'au bout de quelques heures, parfois après plusieurs jours, et seulement après la rentrée spontanée de la tumeur, ou après un taxis plus ou moins prolongé que le malade exécutait lui-même. Cet individu s'est présenté à l'hôpital de la Pitié pour une autre affection chirurgicale, et c'est en l'interrogeant sur les commémoratifs que j'ai eu connaissance de son affection hémorrhoïdaire. A plusieurs reprises, je lui ai fait prendre un lavement, et l'ai examiné immédiatement après qu'il l'avait rendu. J'ai d'abord trouvé un bourrelet circulaire d'hémorrhoïdes externes concomitantes, comme cela a lieu habituellement, puis trois saillies violacées concentriques aux précédentes, grosses comme de fortes noisettes, évidemment formées par des hémorrhoïdes internes procidentes. Je n'ai fait aucun traitement pour ces hémorrhoïdes, d'abord parce que la santé était notablement affaiblie, ensuite parce qu'habitué à son infirmité le malade en était réellement trop peu tourmenté pour qu'il fût raisonnable de lui proposer les ennuis et les douleurs d'un traitement. En effet, il ne tarda pas à succomber le 29 juin 1864 à l'affection des voies urinaires pour laquelle il avait demandé un lit.

J'ai fait porter son cadavre à l'École pratique, afin de chercher avec tout le soin possible, et en y donnant tout le temps nécessaire, en quoi consistaient ces hémorrhoïdes internes que je ne retrouvais pas après la mort, et que j'avais vues

pendant la vie formant des tumeurs si considérables.

J'ai fait ces études de concert avec M. le D^r Po-
laillon, aide d'anatomie à la Faculté de médecine,
qui a bien voulu mettre à ma disposition son
habileté anatomique et son obligeance si bien
connues.

Nous avons commencé par faire de l'hydrotomie. Un tube a été placé dans la veine mésentérique inférieure; à ce tube a été adapté un long
tuyau de caoutchouc vulcanisé communiquant lui-
même avec un robinet qui est resté ouvert pendant vingt heures environ. Au bout de ce temps,
nous avons constaté que les tumeurs, tout à fait
cachées au moment où nous avions commencé
l'opération, étaient redevenues extérieures, et res-
semblaient, à part la couleur qui était beaucoup
plus pâle, à celles que j'avais vues pendant la vie.
Elles étaient comme ces dernières, concentriques
au bourrelet d'hémorrhoïdes externes qui était
beaucoup moins gros que pendant la vie, après le
prolapsus amené par la défécation. En un mot,
les hémorrhoïdes internes s'étaient remplies d'eau
bien plus que les hémorrhoïdes externes, ce qui
indiquait déjà que les premières étaient, plus exclusivement que les secondes, constituées par des
veines.

Nous avons ensuite fait une injection au suif

coloré par le bleu de Prusse, en poussant simultanément par le tronc de la veine mésentérique
inférieure dépourvue de valvules, comme on le sait,
et par la veine dorsale de la verge, branche de la
honteuse interne qui fournit elle-même les veines
hémorrhoïdales inférieures. Nous aurions voulu, à
cause des valvules que présentent ces dernières,
dépendances du système veineux général, pouvoir
placer [dans l'une d'elles le tube à injection, mais
leur ténuité ne nous l'a pas permis.

L'injection une fois refroidie, j'ai enlevé le rectum et l'anus pour examiner les résultats. J'ai
ensuite fendu longitudinalement ces parties, et
j'ai constaté, d'abord sans ablation de la muqueuse,
et plus tard, après dissection lente de cette dernière,
un réseau veineux fort bien injecté entre elle et la
couche musculaire de l'intestin. Les mailles de ce
réseau ne sont pas très-serrées vers les parties les
plus élevées, mais à mesure qu'on se rapproche de
l'anus, on les trouve plus étroites, et les vaisseaux
sont plus rapprochés. Enfin, tout à fait au bas du
rectum, à 12 millimètres environ de distance de
l'orifice anal, dans le point qui correspond au bord
supérieur du sphincter (1), ce réseau devient ex-

---

(1) Je conviens que ce rapport est difficile à préciser, parce
que nous ne pouvons sur le cadavre observer une ligne de démarcation bien tranchée entre le bord supérieur du sphincter
interne et les autres fibres circulaires de l'intestin. C'est en tenant

trêmement serré, non-seulement les veines qui le forment ne laissent plus entre elles les intervalles qui, plus haut, constituent les mailles, mais elles sont superposées les unes aux autres, de manière à former des amas ou paquets, qui ont de 5 à 8 millimètres d'épaisseur. Ces paquets entourent toute la circonférence de l'intestin. Il y en a cinq principaux ; chacun d'eux se termine par un bord arrondi, qui correspond au bord libre de la valvule semi-lunaire correspondante.

En haut, les intervalles qui séparent les paquets veineux sont encore remplis par des veines injectées ; mais, en bas, les intervalles sont libres d'injection, de manière que chacun des amas se termine dans ce sens par une ligne courbe à convexité inférieure qui correspond aux valvules semi-lunaires de Morgagni.

J'ai pu assez facilement enlever sur les paquets veineux la membrane muqueuse qui leur adhérait lâchement, et, cherchant à isoler les unes des autres les veines qui constituaient chacun des amas, m'assurer que ces veines, au lieu de former des réseaux inextricables, se terminaient presque toutes

---

compte de la distance qui existait entre les hémorrhoïdes et l'ouverture anale, et, d'autre part, de la profondeur à laquelle, pendant la vie, je sens avec le doigt l'étroitesse donnée à l'intestin par la tonicité des sphincters, que j'ai assigné aux hémorrhoïdes internes leur situation au niveau et au-dessus du sphincter interne.

en culs-de-sac ou diverticules. A 5 ou 6 millimètres au delà de l'arcade anastomotique dont
ils se détachaient, ces diverticules allongés étaient
placés et serrés les uns à côté des autres, à la manière des fils d'une aigrette. Cette dernière com-
paraison que j'ai trouvée dans une note commu-
niquée par M. Verneuil à M. Germain, auteur
d'une thèse sur les hémorrhoïdes (1), est celle qui
caractérise le mieux ces agglomérations de varices
rectilignes et un cul-de-sac. En séparant les varices
les unes des autres, il m'a semblé qu'elles ne
s'anastomosaient pas entre elles. Cependant, j'ai
trouvé en certains points les adhérences tellement
intimes, que je n'ai pu isoler les vaisseaux sans
les entamer, et que je n'ai pas su, dès lors, si j'avais
coupé une branche anastomotique très-courte ou
les parois de varices très-étroitement accolées. En
tout cas, si ces anastomoses existent, elles sont peu
nombreuses ; car, sur beaucoup de points, j'ai pu
isoler, sans rien entamer, les vaisseaux rectilignes
terminés en cul-de-sac.

J'ai cherché encore ce que devenaient les veines
auxquelles aboutissaient les varices, et j'ai trouvé
la disposition indiquée par tous les auteurs, mais
sur laquelle il n'est pas inutile de revenir un moment. Après avoir formé, par des anastomoses fré-

____

(1) Paris, 1856, n° 47.

quentes, de nouveaux réseaux entre les couches
musculaire et muqueuse, ces veines se dirigent
pendant un certain temps, de bas en haut, entre
les deux membranes que je viens de nommer, puis
elles traversent la couche musculaire et se réunissent les unes aux autres pour former, vers la partie
supérieure du rectum, le tronc de la mésaraïque
inférieure. Cette migration, à travers une couche
contractile plus ou moins épaisse, des troncs qui
ramènent le sang des veines variqueuses, est utile
à connaître ; car il est possible que la contraction
ou la simple tonicité des fibres musculaires soit
une cause de la stase sanguine et de l'ampliation
variqueuse dans les veinules terminales.

J'aurais bien voulu savoir si les tumeurs hémorrhoïdales renfermaient des artères plus abondantes et plus volumineuses qu'à l'état normal.
Mais, n'ayant pas fait sur ce sujet l'injection
du système artériel, je n'ai pu rien étudier de
spécial. Seulement, comme les anatomistes n'ont
pas, dans leurs préparations, signalé de dilatations artérielles semblables aux dilatations veineuses qu'ils observaient, et comme, pendant la
vie, je ne vois pas que l'écoulement sanguin soit
franchement artériel, je suis disposé à croire que
l'élément artériel n'est pour rien ou n'est que pour
très-peu de chose dans la structure des hémorrhoïdes internes.

Voici donc un premier point bien établi : sur ce sujet qui avait des hémorrhoïdes internes anciennes, les tumeurs étaient formées par des veines nombreuses très-dilatées, et méritaient bien le nom d'hémorrhoïdes variqueuses.

Un autre point non moins bien établi, c'est que les varices s'arrêtaient sous la muqueuse dans la portion sphinctérienne de rectum, et n'arrivaient pas jusqu'aux hémorrhoïdes externes, lesquelles beaucoup moins variqueuses, renfermaient cependant aussi quelques varices qui se continuaient avec les veines hémorrhoïdales inférieures, sans se réunir directement avec les ampliations en aigrette des veines hémorrhoïdales supérieures.

Je ne saurais affirmer que l'indépendance soit, chez tous les sujets, aussi absolue qu'elle l'était chez celui-ci ; mais, d'après le mode de distribution des veines hémorrhoïdales, je doute que l'on voie jamais les hémorrhoïdes externes formées par des dilatations variqueuses des veines hémorrhoïdales supérieures, dilatations qui se prolongeraient jusqu'à la peau.

J'ai cherché, de plus, sur ce sujet s'il entrait autre chose dans la structure des paquets hémorrhoïdaux que les varices et la membrane muqueuse. Dans ce but, j'ai disséqué avec soin les tumeurs ; j'ai constaté que cette dissection se faisait aisément à cause de la laxité du tissu cellu-

laire interposé entre la muqueuse et les veines (1);
ce tissu cellulaire n'avait évidemment subi aucun
épaississement, il en était de même du tissu cellulaire, d'ailleurs peu abondant, qui unissait les varices les unes aux autres. Quant à la membrane
muqueuse, elle avait exactement la même ténuité
et laxité que sur la partie supérieure du rectum, là où n'existaient plus les hémorrhoïdes. En
résumé, rien de semblable à l'hypertrophie celluleuse molle et dure que nous avons rencontrée
comme un des caractères habituels de l'hémorrhoïde externe. Varices abondantes disposées en
amas au-dessous et dans l'épaisseur de la muqueuse, voilà tout ce que j'ai pu constater.

Notez que, sur mon malade, les hémorrhoïdes
avaient vingt ou vingt-cinq années d'existence, et
que si des transformations du tissu cellulaire
avaient dû se faire, elles auraient eu largement le
temps de s'opérer.

Par contre, examinant sur lui les hémorrhoïdes
externes concomitantes, j'ai vu que chacune d'elles
contenait encore une ou deux varices assez petites
se rendant aux veines hémorrhoïdales inférieures,

---

(1) Il est évident que, parmi les varices formant les hémorrhoïdes internes, un certain nombre appartiennent aux veines de
la membrane muqueuse elle-même. La muqueuse alors est devenue dans les points où existent les varices une membrane muço-
veineuse ou, si l'on veut, muco-variqueuse.

mais qu'elles étaient surtout formées de tissu cellulaire dépourvu de graisse et un peu condensé, élément dont je ne voyais aucune trace sur les hémorrhoïdes internes.

Et comme ces résultats cadavériques sont en rapport avec ceux que m'a donnés l'observation clinique, je crois pouvoir conclure d'une manière générale, et en faisant quelques réserves pour des cas exceptionnels que je n'aurais pas rencontrés, que les hémorrhoïdes internes sont, à leur début et dans toute la durée de leur existence, constituées par des varices remarquablement abondantes, sans hypertrophie ni de la muqueuse rectale ni du tissu cellulaire sous-jacent.

Il y a dès lors, entre les hémorrhoïdes externes et internes, les analogies et les différences qui suivent :

A leur début, les unes et les autres sont constituées par des dilatations variqueuses de veinules tégumentaires très-petites à l'état normal ; ces varices dépendent, pour les hémorrhoïdes externes, des veines hémorrhoïdales inférieures, pour les internes, des veines hémorrhoïdales supérieures, sans qu'il y ait de communication directe, au moins très-large, entre les premières et les secondes.

Après un certain temps, les hémorrhoïdes externes sont formées tout à la fois par les varices et le tissu conjonctif qui s'est hypertrophié autour d'elles. A la longue même, l'élément veineux peut avoir diminué ou disparu à tel point qu'il ne reste plus que le tissu conjonctif hypertrophié.

Au contraire, avec le temps, les hémorrhoïdes internes s'accroissent par l'addition de nouvelles varices, sans qu'il s'y ajoute de modifications du tissu cellulaire.

J'ai, sur mon sujet, cherché encore quelles étaient les connexions de la muqueuse avec la couche musculaire du rectum, et jusqu'à quel point l'étude de ces connexions me ferait comprendre le prolapsus qui avait lieu si facilement pendant la vie, et que l'hydrotomie, on se le rappelle, nous avait donné aussi sur le cadavre. Je n'ai rien trouvé de particulier. La membrane muqueuse, au niveau des endroits où sa trame veineuse avait subi l'ampliation caractéristique, m'a paru légèrement amincie et plus extensible que dans les autres points. Il m'a paru aussi, en isolant avec le scalpel les deux tuniques l'une de l'autre, que le tissu intermédiaire était plus lâche et moins abondant, comme si le tissu conjonctif s'était résorbé et aminci par les distensions fréquentes auxquelles il avait été soumis.

Si ce résultat se confirmait, nous aurions donc, entre les hémorrhoïdes externes et internes, cette nouvelle différence qu'autour des premières il y aurait tendance à l'épaississement du tissu conjonctif, et autour des secondes, tendance à l'amincissement. J'aurais besoin de nouvelles études cadavériques pour établir catégoriquement ce fait que le tissu conjonctif est devenu plus mince et moins résistant. Mais, d'après ce que j'ai constaté dans mon autopsie, et d'après ce que m'a enseigné l'observation clinique, j'admets, pour le moment, que, dans le prolapsus hémorrhoïdaire, une seule couche du rectum descend, c'est la membrane muqueuse, que ce qui forme tumeur, ce sont les abondantes varices dont les veinules de cette muqueuse sont devenues le siége, et que le prolapsus s'explique tout à la fois : 1° par la distension et l'amincissement que fait éprouver à la muqueuse l'accumulation énorme du sang dans des varices éminemment dilatables ; 2° la laxité devenue plus grande du tissu cellulaire sous-jacent.

On m'objectera peut-être que, mes études sur la structure des hémorrhoïdes internes ayant été faites une seule fois sur le cadavre, je n'ai pas le droit de conclure d'une manière aussi absolue. Mais voici ma réponse : beaucoup d'anatomistes ont injecté les veines du rectum. Le musée de notre Faculté renferme plusieurs pièces de ce genre préparées par nos prosecteurs ; moi-même, à l'époque où je me livrais à l'enseignement de l'anatomie, j'ai fait plusieurs fois de ces injections. Tous nous avons été frappés de deux choses :

1° De l'abondance des veines dans l'épaisseur et au-dessous de la muqueuse rectale au voisinage du sphincter interne, abondance beaucoup moindre chez les jeunes sujets que chez les sujets avancés en âge.

2° De l'absence, dans tous les cas, de condensation du tissu cellulaire autour des veines dilatées. Comme nous n'avions pas connu les sujets pendant la vie, nous n'avons pas su positivement lesquels avaient été hémorrhoïdaires, lesquels ne l'avaient pas été ; mais nous avons présumé cette affection chez tous ceux qui nous offraient des varices abondantes et très-volumineuses.

Or si, parmi ceux qui ont disséqué, après injection, les veinules hémorrhoïdales supérieures devenues variqueuses, quelques-uns avaient trouvé une hypertrophie celluleuse analogue à celle des hémorrhoïdes externes, ils en eussent fait la remarque ou conservé le souvenir. Personne, à ma connaissance, n'a signalé rien de semblable, et moi-même, dans mes anciennes dissections, je suis bien sûr de n'avoir pas rencontré cette lésion.

J'ai une autre raison, tirée de l'étude clinique, pour croire que les tumeurs hémorrhoïdales internes ne renferment pas d'autres éléments que les dilatations variqueuses, c'est la différence de volume, pendant la vie, entre les hémorrhoïdes sorties et les hémorrhoïdes rentrées. Sorties, elles

paraissent grosses comme des noisettes ou de petites noix. On croirait volontiers à l'existence d'un
parenchyme surajouté aux veines. Rentrées, elles
ne font presque plus de saillie, sont à peine senties
par le doigt introduit dans le rectum ; on ne croirait pas toucher les mêmes parties dures et tendues
que, quelques heures auparavant, on avait trou-
vées dans l'orifice anal. Les choses ne se passe-
raient pas ainsi, s'il n'y avait autre chose que des
varices, et un tissu analogue à celui des hémorrhoïdes externes. On sentirait encore, après la
réduction, de petites tumeurs ; on pourrait les
saisir avec le doigt. Au contraire, il n'y a plus rien
que la muqueuse très-légèrement soulevée par
le développement de ses veinules, mais sans tumeur réelle.

Tout s'explique donc ainsi : pendant qu'elles
étaient en prolapsus, les varices étaient gorgées
de sang ; une fois réduites, elles se désemplissent,
et se réduisent à un volume insignifiant.

Il va sans dire, et je le répète encore une fois,
parce que c'est important dans la pratique, que
quand il y a des hémorrhoïdes internes présentant les dispositions qui viennent d'être indiquées,
on trouve presque toujours, concurremment, des
hémorrhoïdes externes, lesquelles sont flasques
lorsque les hémorrhoïdes internes sont flasques
ou rentrées, gonflées et turgescentes, au contraire,

lorsque les hémorrhoïdes internes sont elles-mêmes, à la suite d'une procidence prolongée, devenues turgescentes et douloureuses.

2° *Caractères anatomiques des hémorrhoïdes internes procidentes.*

Je ne puis indiquer ces caractères d'après l'observation anatomique, parce que je n'ai pas eu l'occasion de faire d'études cadavériques de ce genre. Personne, que je sache, n'a été mieux favorisé. Tous ceux qui ont essayé de résoudre ce problème l'ont fait d'après ce qu'ils voyaient sur les hémorrhoïdes externes. Ils ont, comme pour ces dernières, parlé de rupture et d'infiltration sanguine, de tissu érectile ou spongieux se gorgeant de sang veineux. Mais, du moment où nous savons que les hémorrhoïdes internes n'ont pas dans leur structure de substance spongieuse et celluleuse, il faut renoncer à cette dernière explication. On ne peut s'arrêter davantage à l'idée d'une rupture et d'une extravasation du sang, car il est ordinaire que le gonflement, très-considérable au moment de la procidence, diminue rapidement une fois la réduction obtenue. Or, comme le sang épanché ne se résorbe pas aussi vite, ce double phénomène d'une tuméfaction considérable et d'une disparition prompte ne se comprend que par une stase momentanée du sang

dans les vaisseaux, sous l'influence d'un obstacle,
et un retour de ce sang dans la circulation générale, une fois que l'obstacle est levé. L'abondance
des varices et l'extensibilité de leur tissu sont déjà
des conditions favorables, la gêne apportée au
retour du sang par le sphincter anal en est un
autre. La lésion capitale dans les hémorrhoïdes
internes turgescentes est donc l'accumulation du
sang dans les varices qui les forment. Il est possible que, dans quelques cas, une certaine quantité de sérosité se produise, mais cette sérosité doit
être pure, et, par cela même, facile à résorber,
car je répète que le gonflement disparaît vite après
la réduction, et cela n'aurait pas lieu si l'épanchement était séro-fibrineux ou plastique. On
verrait même, en pareil cas, cet épanchement
s'organiser et donner lieu à des épaississements
semblables à ceux des hémorrhoïdes externes ;
or nous savons que ce travail ne se produit pas
dans les hémorrhoïdes internes.

Il est possible cependant qu'après une ou plusieurs procidences ou inflammations, le sang se
coagule et séjourne dans quelques-unes des varices devenues le siége d'une inflammation phlé-
bitique. Je ne nie même pas que la phlébite,
quoique spontanée, puisse passer à la suppuration. Mais, jusqu'à présent, on n'a rien constaté
de semblable par la dissection.

§ II. — ÉTIOLOGIE.

Il est indispensable de distinguer ici deux choses : l'étiologie des hémorrhoïdes elles-mêmes, et l'étiologie des turgescences et procidences qui leur donnent le caractère de maladie ou d'incommodité.

1° Pour ce qui est de la lésion anatomique, la formation des varices, nous n'avons guère à signaler que les causes prédisposantes indiquées page 32, savoir : la richesse habituelle du réseau veineux de la muqueuse rectale, l'absence des valvules dans ces veines, absence qui, jointe au retour du sang contrairement aux lois de la pesanteur, doit favoriser la stase du liquide, la gêne apportée encore à ce retour par la contraction des fibres circulaires que traversent, comme on sait, les veines du rectum, la compression qu'exercent sur la muqueuse les matières stercorales accumulées dans les intervalles de la défécation, l'accroissement de cette compression par le fait de la constipation, laquelle est, à juste titre, signalée depuis longtemps comme une des principales causes de la maladie hémorrhoïdaire.

La grossesse et les tumeurs du ventre, la simple accumulation de la graisse dans les replis du péritoine, sont encore des causes prédisposantes qui agissent de la même façon, c'est-à-dire par une compression qui gêne le retour du sang dans les veines hémorrhoïdales, et dispose à la stase dans leurs dernières ramifications.

On signale aussi, comme causes prédisposantes, la vie sédentaire et l'insuffisance d'exercice, lesquelles en diminuant l'activité de la circulation, doivent encore favoriser la stase veineuse dans les régions où celle-ci est favorisée par tant d'autres conditions anatomiques et physiologiques.

Les hémorrhoïdes internes sont tellement fréquentes, qu'on les a rencontrées chez des sujets de toute espèce, chez les faibles aussi bien que chez les forts, chez les lymphatiques aussi bien que chez les sanguins, et il n'y a vraiment aucune raison sérieuse pour invoquer, comme cause prédisposante, tel ou tel tempérament, telle ou telle constitution. On a cependant établi une certaine relation entre les hémorrhoïdes et la goutte, en disant que la coïncidence fréquente de ces deux maladies s'expliquait par une action particulière du principe goutteux sur les veines hémorrhoïdales. J'avoue qu'une pareille action me paraît bien difficile à démontrer et, par conséquent, à admettre. Quand les goutteux ont des hémorrhoïdes, n'est-ce pas parce qu'ils ont en même temps de la constipation et des occupations sédentaires qui favorisent la stase dans les veines du rectum, plutôt qu'à cause d'une atteinte de ces veines par la goutte elle-même ?

On a fait intervenir aussi l'hérédité, mais il y a toujours là la même difficulté. Les varices hémor-rhoïdales sont tellement communes, qu'on doit les rencontrer nécessairement sur des sujets de la même famille ; comment, d'ailleurs, juger ces questions d'étiologie par les faits? Nous savons bien, de certains malades, qu'ils ont eu, du côté de l'anus, des accidents dus probablement à des hémorrhoïdes, mais ceux qui n'ont pas eu du tout ces accidents, ou qui les ont eus à un degré trop faible pour consulter, ont-ils ou n'ont-ils pas eu la lésion veineuse, restée intérieure et latente? Nul ne peut le savoir. C'est la difficulté de distinguer ces deux états et la confusion qui, depuis lon-temps, a été faite entre eux, qui rend si difficiles ces questions d'étiologie. Il en est ici comme des varices des membres inférieurs; nous y sommes tous prédisposés par des conditions anatomiques et physiologiques. Il s'y ajoute sans doute, comme cause efficiente, une faiblesse particulière des pa-rois veineuses; mais, parmi les grandes causes générales invoquées pour bien d'autres maladies, nous n'en savons aucune qui soit plus particu-lièrement susceptible d'occasionner cette fai-blesse.

Il en est, sous un autre rapport, de ces varices

comme de celles des membres inférieurs. Elles ne se montrent pas dans l'enfance, et se voient rarement pendant la jeunesse. On ne les trouve guère que dans l'âge adulte; c'est à partir de 25 à 30 ans que l'homme commence à être hémorrhoïdaire.

Je ne reviens pas sur l'influence de l'aloès : ce que j'en ait dit plus haut (page 35) s'applique aussi bien, et même mieux aux hémorrhoïdes internes qu'aux externes. L'insuffisance des observations, et l'habitude prise de juger les questions relatives aux hémorrhoïdes sans y regarder et d'après le dire des malades, explique l'erreur dans laquelle sont tombés à cet égard Trnka (1) et tous ceux qui ont reproduit ses idées sur ce sujet. Les hémorrhoïdes seraient plus communes chez l'homme que chez la femme, si les grossesses ne venaient pas, chez cette dernière, rétablir à peu de chose près la proportion.

Il me paraît certain, en effet, que les femmes qui n'ont pas eu d'enfants sont plus rarement atteintes d'hémorrhoïdes que les sujets de l'autre sexe.

2° Examinons maintenant les causes de la turgescence et de la procidence hémorrhoïdaires.

_____

(1) *Historia hæmorrhoidum.*

A. Pour la turgescence, nous avons les mêmes causes prédisposantes que tout à l'heure, savoir : des conditions défavorables à la circulation, et, de plus, des varices toutes formées et dilatables. Qu'une gêne un peu plus grande soit apportée au retour du sang veineux, ou que le sang afflue en plus grande quantité, de suite les varices vont se gorger, les tumeurs se remplir. Mais il m'est difficile de signaler une cause positive de cette gêne ou de cet afflux dans les hémorrhoïdes que je suppose non encore sorties. A la rigueur, une accumulation insolite de matières fécales, ou une contraction exagérée des fibres musculaires du rectum peut, en exerçant une pression sur les troncs veineux, favoriser la stase sanguine; mais ces causes sont bien difficiles à démontrer par l'observation, car les hémorrhoïdaires sont assez habituellement constipés; ils le sont même quand leurs hémorrhoïdes ne sont pas turgescentes. Lorsqu'elles le deviennent, comment savoir si la compression par les garde-robes a été plus forte qu'à d'autres moments ? C'est une de ces causes qu'on admet parce qu'on les comprend, mais que l'on ne démontre pas.

Peut-être y a-t-il, à certains moments, afflux plus grand du sang apporté par les artères, et, par suite, stase ou congestion dans les veines, dans celles qui sont variqueuses en particulier.

Les excès de coït chez l'homme sont signalés comme pouvant amener ce résultat ; mais c'est encore un fait difficile à prouver pour plusieurs raisons, d'abord, parce qu'on ne peut pas toujours avoir des renseignements sur ce point délicat; ensuite, parce qu'il est bien difficile d'établir une ligne de démarcation entre l'usage et l'abus du coït. J'ai dit que les hémorrhoïdes internes étaient l'apanage de l'âge mûr, de cet âge où les excès de ce genre sont rarement possibles, quand bien même on les sollicite. J'ai, pour ma part, interrogé à ce sujet bien des hémorrhoïdaires, et je n'ai pas trouvé de réponses qui fussent en rapport avec l'opinion généralement admise. Il n'en est pas de même des excès de table ; bien souvent les hémorrhoïdaires éprouvent, après l'ingestion d'une trop grande quantité de vin ou d'alcool, un sentiment de plénitude douloureuse vers l'anus et dans le bassin, quelques-uns ont bientôt après la procidence. Nul doute que, dans ce cas, il y ait afflux et séjour d'une trop grande quantité de sang dans les vaisseaux hémorrhoïdaux.

Quelque chose d'analogue se passe chez certaines femmes hémorrhoïdaires, à l'époque menstruelle. Elles sentent aussi une plénitude dans le rectum, souffrent un peu en allant à la selle, même sans qu'il y ait de procidence.

Nous sommes autorisés à croire qu'en pareil cas

il se fait spontanément et sans cause appréciable
un afflux de sang vers le rectum en même temps
que vers la matrice; c'est un double molimen qui
se comprend, sans que l'un ni l'autre puissent
s'expliquer par des conditions matérielles saisissa-
bles.

Mais faut-il admettre quelque chose d'analogue
chez tous les hémorrhoïdaires, savoir, une congestion ou une fluxion vers l'extrémité inférieure du
rectum, congestion ou fluxion de nature inconnue
qui serait toujours cause de la turgescence?

Cette opinion, que j'ai déjà soulevée pour les hémorrhoïdes externes, a été vaguement exprimée
par les anciens, et notamment par Hippocrate et
Galien, lorsqu'ils parlaient de la pituite âcre et de
l'atrabile s'échappant des hémorrhoïdes comme
d'un émonctoire. Elle a été plus nettement formulée
par Stahl, Trnka, Alberti et la plupart des auteurs
du XVIIIe siècle. Stahl surtout a voulu établir que la
nature avait placé dans notre économie des réservoirs où le sang affluait, et s'amassait pour s'échapper ensuite au dehors lorsqu'il devenait trop abondant, ou lorsqu'il était chargé de principes âcres et
délétères. Les hémorrhoïdes internes étaient un de
ces réservoirs, et le travail au moyen duquel elles
se remplissaient était une fluxion ou une congestion. Montègre (1) a poussé aussi loin que pos-

(1) Article HÉMORRHOÏDES du *Dictionn. des sciences médicales.*

sible cette doctrine lorsqu'il a soutenu qu'une fluxion salutaire précédait et amenait la lésion hémorrhoïdale sur laquelle, d'ailleurs, il n'avait pas les notions précises que nous possédons aujourd'hui.

Tous ces auteurs et surtout le dernier sont tombés dans une exagération que les habitudes anatomiques et cliniques de l'école moderne nous obligent à repousser. En effet, ils ont tout expliqué, même la procidence et ses inconvénients, par cette rêverie de la fluxion; or je montrerai tout à l'heure comment des causes physiologiques évidentes expliquent cette procidence. Quant à la plénitude qui survient sans procidence ou qui la précède, elle est trop rare, trop peu importante en clinique pour servir de base à une doctrine aussi générale que celle qu'on avait faite.

Qu'il y ait quelque chose d'inexplicable qu'on appellera fluxion, à la suite des accès alcooliques ou pendant le molimen menstruel, j'y consens encore, mais il faut qu'on admette au moins comme condition préalable, les varices dont j'ai expliqué le mode de formation, et il faut, d'autre part, ne pas oublier qu'à côté de la fluxion, il y a toujours un ralentissement de la circulation veineuse tout aussi explicable par l'accumulation fécale ou la contraction musculaire que par un acte vital particulier.

En un mot, je fais volontiers une part, mais je la fais très-modeste, à la fluxion pour les cas dans

lesquels je ne peux pas expliquer la turgescence
des hémorrhoïdes. Mais je ne veux pas que cette
vue de l'esprit, qui n'est qu'un expédient pour
nous rendre compte de ce que nous ne comprenons
pas, soit prise pour un fait positif et acquis, et nous
dispense de l'observation et de l'interprétation des
détails anatomiques et physiologiques dont les
époques antérieures ne tenaient pas compte.

B. Ceci me conduit à la dernière question
étiologique que j'ai posée. Quelle est la cause de
la procidence avec turgescence des hémorrhoïdes
internes? Stahl et les partisans de sa doctrine n'y
voyaient pas autre chose que la continuation du
mouvement fluxionnaire; ils disaient que quand
la fluxion devenait trop grande, les hémorrhoïdes
étaient poussées hors de l'anus au moment de la
défécation. Mais il y a autre chose ici que le mouvement fluxionnaire. En effet, une première cause in-
tervient, c'est la constipation et l'obligation où est
le patient de faire des efforts considérables pour
se débarrasser d'un bol fécal volumineux et dur.
Deux phénomènes physiologiques se produisent
alors; le bol fécal pousse au-devant de lui la muqueuse rectale, comme cela a lieu dans l'état natu-
rel, et l'oblige à franchir l'anus; avant que ce
résultat soit produit, la contraction des fibres
circulaires du rectum a amené, par le méca-

nisme que j'ai déjà indiqué, une nouvelle gêne de la circulation veineuse.

Les hémorrhoïdes se gonflent donc bien plus qu'elles ne l'étaient, par suite du mouvement fluxionnaire. Elles sortent plus volumineuses que ce mouvement ne les eût faites à lui seul. Leur volume devient d'autant plus grand que l'expulsion est plus lente à se faire, et la lenteur a pour cause, chez certains sujets, outre le volume du bol fécal, une résistance ou tonicité trop grande du sphincter.

Puis, le bol fécal une fois sorti, la muqueuse boursouflée ne rentre pas à temps. Le sphincter aussitôt revenu sur lui-même la retient en l'étreignant, et en gênant davantage le retour du sang veineux, ce qui est une nouvelle cause de turgescence et explique le volume si considérable que nous trouvons aux hémorrhoïdes internes procidentes. Le gonflement des hémorrhoïdes non sorties, celui qui pourrait à la rigueur s'expliquer par une fluxion, n'est rien à côté de cette turgescence qui est produite par la défécation et la constriction du sphincter anal. Voilà pourquoi il faut se garder d'accepter dans son entier la théorie illusoire de Stahl et de Montègre, et pourquoi il ne faut pas voir un effort salutaire de la nature dans ce gonflement si étroitement lié à des phénomènes physiologiques et normaux,

§ III. SYMPTÔMES ET ACCIDENTS DES HÉMORRHOÏDES INTERNES.

Nous avons encore à diviser cette étude en deux catégories, suivant que les hémorrhoïdes restent intérieures ou qu'elles sont devenues procidentes.

I. *Symptômes des hémorrhoïdes internes non procidentes*. Lorsque les hémorrhoïdes restent internes, c'est-à-dire ne s'échappent pas au moment de la défécation, ou bien lorsque, sortant un peu avec la muqueuse rectale sans se gonfler, elles rentrent de suite et ne restent pas du tout au dehors, elles ne donnent le plus souvent lieu à aucun symptôme ni accident. Les varices existent à l'état de lésion, mais non pas à l'état de maladie. C'est ainsi que les choses se passent chez un bon nombre de personnes.

Quelquefois, ainsi que je l'ai annoncé plus haut, les sujets atteints d'hémorrhoïdes non procidentes sont tourmentés par une sensation de gêne plutôt que de douleur, qu'ils appellent pesanteur ou plénitude, vers la région anale. Ils sont mal à l'aise dans la station assise ; l'exercice du cheval, s'ils ont l'habitude de s'y livrer, leur est incommode. La défécation est lente et difficile, quelquefois un peu douloureuse. Ces phénomènes, que beaucoup ne songeraient pas à signaler si on ne les questionnait pas à cet égard, durent un, deux ou trois jours, puis disparaissent, tantôt sans autre phénomène appréciable, tantôt après l'écoulement d'une ou deux cuillerées de sang au moment de la défécation. Il y a eu, en pareil cas, turgescence, probablement légère, des hémorrhoïdes restées intérieures. Cette turgescence, qu'il est permis d'attribuer à une fluxion ou congestion, s'est terminée par résolution, c'est-à-dire par rentrée dans la circulation générale du sang qui avait momentanément distendu et obstrué les varices hémorrhoïdales, ou par une rupture qui, en laissant sortir ce sang, a permis aux hémorrhoïdes de se dégorger.

En effet, après un ou deux jours de turgescence intérieure, les hémorrhoïdes internes peuvent s'ouvrir d'elles-mêmes sans l'intervention des garde-robes, et laisser échapper, soit directement au dehors, soit dans le rectum où il s'amasse pour s'écouler à la prochaine garde-robe, une certaine quantité de sang, une cuillerée à bouche, par exemple, ou bien deux ou trois. Il y aurait alors flux hémorrhoïdal, sans tumeur et sans procidence.

On a beaucoup parlé dans les livres d'un flux de ce genre, mais on l'observe rarement sur les malades. Si vous interrogez ceux qui perdent du sang à la suite d'une sensation de plénitude au niveau de la

région anale, presque tous répondent : 1° que cette
perte a lieu au moment même et non dans l'intervalle des garde-robes ; 2° qu'elle coïncide avec la
sortie momentanée des boutons intérieurs qui sont
déchirés par les matières fécales. On a donc abusé
de la théorie lorsqu'on a signalé une fluxion ou
congestion hémorrhoïdale spontanée, qui se juge
par l'exhalation, également spontanée, du sang
accumulé dans les varices hémorrhoïdales. Au lieu
d'une congestion simple, il faut admettre le plus
souvent une augmentation de volume par augmentation de l'obstacle apporté à la circulation veineuse, et au lieu d'une exhalation spontanée, une
déchirure des varices tuméfiées, par des matières
plus ou moins dures.

On n'a pas moins abusé de la théorie des hémorrhoïdes salutaires, lorsqu'on a parlé d'un écoulement de sang périodique par les hémorrhoïdes
internes, écoulement analogue à celui des règles. J'ai lu souvent cette proposition dans les livres ; j'y ai lu aussi que beaucoup de maladies intérieures étaient attribuées à la suppression de ce
flux périodique. Mais je n'ai rien trouvé de semblable sur les malades ; tous ceux que j'ai interro-
gés sur les écoulements de sang dont ils se disaient atteints par suite d'hémorrhoïdes, m'ont dit
qu'ils en perdaient quelquefois pendant trois ou
quatre jours en allant à la garde-robe, puis qu'ils

cessaient d'en perdre pendant un temps variable, et en voyaient reparaître au bout de quelques se-maines ou de quelques mois. Mais aucun n'a pu m'indiquer précisément une périodicité aussi ré-gulière que celle des époques menstruelles. Quel-ques-uns avaient bien une certaine disposition et comme un certain plaisir à croire que leur flux anal ressemblait à celui des menstrues ; mais obli-gés de s'expliquer, ils reconnaissaient de suite que ce n'était ni la même exactitude dans les re-tours, ni la même continuité de l'écoulement pen-dant un certain nombre de jours. Les auteurs qui ont propagé cette opinion sur la périodicité du flux hémorrhoïdal ont accepté à la légère quelque as-sertion de ce genre donnée par les malades, et n'ont pas pris la peine d'approfondir le sujet par des interrogations bien faites.

La périodicité s'accordait si bien avec l'erreur ancienne sur la congestion salutaire, qu'on ne songeait même pas à mettre en doute sa réalité. L'observation rigoureuse de l'époque actuelle nous oblige à la rejeter sinon comme impossible, au moins comme extrêmement rare, et comme étant, si par hasard on vient à la rencontrer, un résultat fortuit plutôt qu'un résultat providentiel ou physio-logique.

Lorsque l'écoulement du sang n'est pas abon-dant, ne dépasse pas, par exemple, un demi-verre, lorsque surtout il ne se reproduit pas tous les jours, il est sans inconvénient pour la santé. Je veux bien accorder même que dans une certaine mesure il est avantageux. Mais s'il devient plus abondant, si, comme cela paraît avoir eu lieu quelquefois, sa quantité est de plus d'un verre, s'il se reproduit tous les jours pendant une, deux ou trois semaines, il fatigue les malades et les conduit à l'anémie.

Je ne veux pas insister davantage sur les écoulements sanguins abondants fournis par les hémorrhoïdes non procidentes ; car, d'après ma propre observation, je suis obligé de les croire très-rares. Tous les hémorrhoïdaires anémiques que j'ai rencontrés avaient, en même temps que les hémorrhagies, des tumeurs qui sortaient au moment de la défécation. J'engage même les lecteurs à se défier des observations dans lesquelles on leur parle de quantités considérables, une livre, deux livres, jusqu'à dix et quatorze livres de sang rendu dans l'espace de vingt-quatre heures, par des hémorrhoïdes que l'on admettait sans les voir. Ces faits, dont un certain nombre ont été complaisamment cités par Montègre (p. 458), ne méritent, à mon avis, aucune créance. Ceux qui les rapportent n'ont pas même examiné la région anale pour savoir s'il y avait eu des tumeurs hémorrhoïdales. Le sang avait été rendu par l'anus, il ne leur

en a pas fallu davantage pour admettre les hémorrhoïdes. Ils ont indiqué ces quantités considérables sans avoir vu, ni pesé, ni mesuré le liquide ;
ils ne se sont même pas demandé si le sang ne pro-
venait pas ou d'ulcérations intestinales éloignées de
l'anus, ou d'une affection cancéreuse. La clinique
moderne ne peut accepter de pareils faits, ni de
pareilles interprétations. Ses procédés exacts et
rigoureux ne permettent d'admettre la source
hémorrhoïdale d'une hémorrhagie, qu'après un
examen attentif ; or, dans tous les cas où j'ai fait
cet examen sur des sujets épuisés par les pertes de
sang, j'ai pu constater ou qu'il y avait eu des hémorrhoïdes procidentes se déchirant par l'acte de
défécation, ou des maladies d'une autre nature.

II. *Symptômes et accidents des hémorrhoïdes internes procidentes.* — I. Chez un certain nombre de sujets ayant depuis longtemps les varices intérieures
que nous connaissons, ces varices deviennent turgescentes avant et surtout pendant de la défécation. Elles sont poussées au dehors avec la membrane muqueuse, et d'autant plus tuméfiées qu'elles
ont apporté plus d'obstacle à la sortie du bol fécal,
et que, pendant l'acte défécateur, les veines ont été
plus comprimées. Elles finissent par avoir au delà
du sphincter un volume considérable, qui gêne ou
empêche leur rentrée à travers le conduit anal

aussitôt rétréci par le retrait du sphincter. Tout à l'heure, quand il s'agissait de la turgescence des hémorrhoïdes à l'intérieur même du rectum, je faisais déjà la part plus large, pour expliquer cette turgescence, à l'action mécanique qu'à l'action dynamique. Les partisans de cette dernière (qui n'est autre chose que la fluxion) n'avaient pas remarqué que la cause mécanique devenait prédominante au moment de la procidence, et qu'il fallait accorder plus à la pression exercée sur les veines hémorrhoïdales pendant la défécation, et à la pression exercée ensuite par le sphincter, qu'à ce prétendu afflux du sang par suite d'un effort médicateur de la nature.

Quelquefois les sujets atteints de cette procidence s'en aperçoivent à peine ; la défécation une fois terminée, les hémorrhoïdes rentrent d'elles-mêmes, sans avoir occasionné autre chose qu'un peu de gêne. D'autres éprouvent un léger inconvénient, c'est la longue durée des garde-robes. Cette longue durée s'explique d'abord par la constipation qui leur est habituelle, ensuite par la gêne qu'apportent à la sortie du bol fécal les hémorrhoïdes obstruant le passage, et enfin, par la sensation fausse du besoin d'expulser, sensation qu'entretient la présence au delà de l'orifice anal du bourrelet interne devenu extérieur et étranger.

La procidence peut, en outre, s'accompagner
d'accidents plus sérieux et variés qui se trouvent
parfois réunis, mais qui souvent aussi existent iso-
lément. Chacun d'eux mérite une description séparée.

PREMIÈRE VARIÉTÉ. *Hémorrhoïdes procidentes et saignantes, facilement réductibles.* — Souvent il y a déchirure d'une ou de plusieurs des tumeurs hémorrhoïdales distendues, et par suite écoulement
d'une certaine quantité de sang qui s'échappe
tantôt goutte à goutte, tantôt par un jet continu
analogue à celui d'une saignée, tantôt par plusieurs jets lorsque plusieurs hémorrhoïdes se sont
rompues en même temps. Il y a, en effet, cette
différence, entre les hémorrhoïdes internes et les
externes, que les premières ont une enveloppe
beaucoup plus mince, et plus facile à déchirer, en
même temps que leurs varices, plus abondantes,
sont capables d'arriver à un état de distension
très-voisin de la rupture. Tout en admettant, en
effet, que la déchirure est souvent produite par le
bol fécal, je ne nie pas non plus la possibilité d'une
rupture par excès de distension.

Quoi qu'il en soit, la quantité du sang qui se
perd ainsi est plus ou moins grande, suivant que
les déchirures sont plus ou moins nombreuses, et
suivant que la turgescence a été plus ou moins

considérable. Cette quantité varie entre une demi-cuillérée et un verre ou deux ; le sang est habituellement noir, mais pourtant moins noir que celui de la saignée. Je l'ai vu même assez rutilant pour lui trouver une grande ressemblance avec du sang artériel. Mais la facilité avec laquelle le jet s'arrête, l'absence de saccade, l'absence de battements dans les tumeurs de ce genre, leur structure veineuse , tout concourt à me faire penser que c'est toujours du sang veineux, et que la rutilance tient à ce que le sang, au moment où il sort, a parcouru un court trajet dans le système veineux, et n'a pas encore perdu tout à fait les caractères du sang artériel.

Lorsque les hémorrhoïdes ont diminué de volume par l'issue du sang, elles rentrent spontanément, ou sont repoussées bientôt par le patient. La procidence a donc eu ce double caractère d'être hémorrhagique, mais passagère et facilement réductible ; le malade n'éprouve ensuite rien de particulier, si ce n'est un peu de faiblesse, lorsque l'écoulement a été abondant ; mais le plus souvent, cette faiblesse ne se fait sentir que quand le saignement s'est produit plusieurs jours de suite.

Il y a d'ailleurs de grandes différences, non-seulement dans les quantités de sang rejetées , mais aussi dans les intervalles auxquels se fait l'écoulement : quelques personnes perdent du

sang à toutes les garde-robes, d'autres n'en perdent
que de temps en temps, quoique le prolapsus ait
toujours lieu. J'ai dit, tout à l'heure, que je n'en
connaissais pas qui eussent l'écoulement périodique dont les auteurs ont si complaisamment
parlé.

De tout cela il résulte que, parmi les sujets atteints de prolapsus avec saignement, les uns n'en
éprouvent aucun malaise, parce que la perte est
peu abondante, les autres s'affaiblissent, soit à
cause de la grande abondance de sang perdu pendant certaines défécations, soit à cause de la ré-
pétition fréquente ou même journalière d'une hémorrhagie modérée. Ils pâlissent, s'affaiblissent,
deviennent dyspeptiques, présentent en un mot les
symptômes, inutiles à décrire longuement ici, de
l'anémie. Mais n'en est-il pas chez lesquels la
perte soit avantageuse, soit en leur procurant un
bien-être immédiat, soit en les préservant de
quelque autre maladie? Voici, à cet égard, ce que
m'a répondu l'observation clinique.

1° J'ai trouvé, en effet, des malades sur lesquels
je constatais positivement un prolapsus hémorrhoïdaire, et qui, questionnés sur les effets de la
perte de sang concomitante, assuraient en éprouver un certain bien-être, se sentir plus à l'aise et
plus dispos à la suite. Mais en les obligeant à
s'expliquer plus catégoriquement, j'arrivais à sa-

voir que la garde-robe chez eux était lente, et s'accompagnait soit de douleurs, soit de malaise, tant que le paquet hémorrhoïdal se trouvait au dehors; le saignement avait lieu, puis les hémorrhoïdes rentraient, et un soulagement notable était obtenu. Frappés de l'écoulement du sang, les malades lui attribuaient l'heureux effet qu'ils ressentaient. Les médecins qui ont admis cette opinion s'en sont rapportés à celle que leur exprimaient leurs malades; mais est-elle acceptable sans autre examen? Est-ce que ce bien-être accusé par les patients n'est pas dû tout aussi bien à la rentrée des hémorrhoïdes et à la cessation du malaise causé par leur sortie qu'à l'issue du sang? Quelle bonne raison peut-on donner pour établir que tout est dû à l'écoulement sanguin? Aucune. Après la cessation d'un état insolite, on se trouve toujours mieux, et les choses ne se passent pas autrement pour les hémorrhoïdes procidentes que pour les luxations et les hernies qu'on vient de réduire. Assurément, s'il y avait des accidents de pléthore, avant la procidence et l'écoulement du sang, la perte de ce dernier pourrait avoir été utile; mais ces accidents sont bien rares chez les hémorrhoïdaires. Je conclus sur ce point, en déclarant que le bien-être attribué à l'écoulement sanguin est une interprétation des malades, que le médecin peut, à la rigueur, admettre mais qu'il ne nous est pas permis de considérer comme positive et suffisamment démontrée.

2° On dit en second lieu que l'écoulement sanguin est favorable, en ce sens qu'il préserve d'autres affections, et notamment des congestions vers la poitrine et vers la tête. J'ai dit, dans mon premier chapitre, que cette manière de voir, avancée à la légère par Hippocrate, avait été admise d'âge en âge, sans un examen plus sérieux.

Ici encore je trouve beaucoup d'assertions, mais je ne vois aucune démonstration. On cite bien quelques hémorrhoïdaires qui n'ont eu ni catarrhe bronchique, ni folie, ni apoplexie ; mais j'en citerais d'autres qui en ont eu. On ajoute que ceux qui ont ces maladies, n'ayant pas d'hémorrhoïdes, ne les auraient pas eues, s'ils avaient été sujets au flux hémorrhoïdal. Mais comment peut-on le savoir? Je vois bien là des idées et des théories, mais je ne vois pas de confirmation par la pratique, et je suis d'autant plus autorisé à conserver des doutes sur ces points que le flux hémorrhoïdal est difficile à bien observer, et n'a presque jamais été étudié par ceux qui ont admis si facilement ses avantages. Sur quoi, en effet, ont-ils fondé leurs interprétations? Toujours sur des renseignements donnés par les malades, mais non sur l'examen des garde-robes. Or, les malades sont incapables de savoir et de dire s'ils perdent du sang, et quelle quantité ils en perdent. Pour se faire une opinion exacte, il faudrait y regarder souvent. C'est ce qu'on ne fait pas, et ce qui d'ailleurs est assez difficile à faire régulièrement. Ne laissons donc pas se perpétuer des doctrines purement hypothétiques, et invitons ceux qui ont des croyances bien arrêtées sur ces effets du flux hémorrhoïdal à examiner un peu avant de juger. Aussi bien pour les applications pratiques, ce point de l'histoire des hémorrhoïdes n'est pas difficile. Si les personnes qui ont un flux sanguin habituel ou fréquent ne présentent aucun des symptômes de l'anémie, et ne souffrent pas de leur lésion anale, personne ne songera à les débarrasser de ce flux qui n'altère en rien leur santé; mais s'ils sont anémiques d'une façon évidente, pourquoi leur laisser, sous prétexte d'effets salutaires hypothétiques, une lésion qui, sans aucun doute, apporte un trouble dans leur santé, et qui, si elle persiste, peut à la longue devenir une cause d'infirmité, et même de mort?

Ces opinions sur l'écoulement de sang ont jeté les auteurs dans une contradiction perpétuelle. Hippocrate, Stahl et bien d'autres, ont insisté sur les avantages de cet écoulement, si bien qu'en les lisant, on doit croire qu'ils ne veulent rien faire pour le supprimer; et cependant, ils reconnaissent la nécessité d'un traitement chirurgical quand

l'écoulement est trop abondant. Cette contradiction
n'eût pas existé, si l'on avait précisé par le mot
anémie les effets d'un flux trop abondant, et si, au
lieu de donner comme salutaire l'écoulement très-
modéré, on l'avait seulement présenté comme indifférent.

DEUXIÈME VARIÉTÉ. *Hémorrhoïdes procidentes et
réductibles, mais douloureuses.* — Une autre forme
d'accidents est celle-ci : les hémorrhoïdes se présentent à l'extérieur au moment de la défécation ;
elles saignent plus ou moins, ou ne saignent pas ;
mais il survient de suite des douleurs vives, cui-
santes, comparées par les malades à celles qu'oc-
casionnerait un fer chaud. La défécation se complète, la réduction des hémorrhoïdes a lieu, mais
les douleurs n'en persistent pas moins pendant
une demi-heure, trois quarts d'heure, et même
plus longtemps. Ces douleurs sont analogues à
celles de la fissure anale.

Si on examine immédiatement après la garde-
robe et avant la rentrée du prolapsus, ou bien
après qu'un lavement, donné tout exprès pour faciliter l'exploration, vient d'être rendu, on constate
qu'une ou plusieurs des hémorrhoïdes internes
sont excoriées, c'est-à-dire dépourvues d'épithélium, tout à fait privées même de leur revêtement
muqueux qui a été enlevé par un travail d'ulcé-

ration ou d'érosion, et nous sommes autorisés à croire que ces érosions sont le siége des douleurs occasionnées par la défécation.

Quoi qu'il en soit, tout à l'heure le prolapsus était fluent ou hémorrhagique, mais indolent; celui dont nous parlons, fluent ou non, est douloureux. Voilà une différence bien tranchée, à laquelle n'ont pas fait attention les partisans exagérés de la théorie de Stahl, lesquels, préoccupés toujours de l'utilité des hémorrhoïdes, même non fluentes, cherchaient à persuader aux malades que ces douleurs souvent horribles de la défécation étaient encore un avantage qu'il fallait accepter et dont il était même bon de s'applaudir.

TROISIÈME VARIÉTÉ. *Prolapsus douloureux lentement réductible.* — Dans les deux cas dont il vient d'être question, le prolapsus est facilement réductible et rentre à peu près seul. Tout au plus sa rentrée est-elle facilitée par quelques pressions modérées qu'exerce le malade en s'essuyant; mais voici une troisième forme dans laquelle les choses se passent autrement. Les hémorrhoïdes sorties ne rentrent pas d'elles-mêmes, immédiatement après la défécation. Quelques pressions modérées sont également insuffisantes pour les replacer dans le rectum. Elles restent au dehors pendant une demi-heure, une heure, deux heures et plus. Durant ce

temps le malade est gêné, ne marche pas aisément, est obligé de se coucher. Il souffre même
quelquefois très-vivement, parce qu'il y a des excoriations du genre de celles dont je parlais tout à
l'heure. Les douleurs sont moins vives lorsque ces
excoriations n'existent pas; mais elles le sont encore assez pour que ce soit une incommodité réelle.
Les tumeurs restent pendant quelque temps volumineuses, puis elles diminuent peu à peu, et finissent par rentrer seules ou au moyen de quelques
pressions, après une ou plusieurs heures de séjour
au dehors, pendant lesquelles le patient a été condamné à l'immobilité et même à la position hori-
zontale. J'appelle cet accident des hémorrhoïdes :
*prolapsus hémorrhoïdal lentement ou difficilement ré-
ductible.*

J'ai déjà expliqué plus haut cette procidence et
la présence au dehors des hémorrhoïdes internes,
par leur turgescence d'abord, par la constriction
du sphincter ensuite, constriction qui, non-seulement s'oppose à la rentrée, mais aussi facilite l'ampliation des tumeurs en gênant davantage le retour du sang veineux, sans empêcher l'arrivée du
sang artériel. Seulement les tumeurs ne sont pas
assez volumineuses, ou la constriction n'est pas
assez forte pour que l'irréductibilité se prolonge
au delà de quelques heures. On pourrait exprimer
ce qui se passe en pareil cas, en disant qu'il y a

prolapsus hémorrhoïdal avec étranglement peu serré par le sphincter.

Voici donc les symptômes fonctionnels et physiques que l'on observe dans ces circonstances.

Comme symptômes fonctionnels, il y a d'abord, ainsi que je le disais tout à l'heure, la douleur. C'est une sensation désagréable de trop plein et de corps étranger, c'est un faux besoin d'aller à la garde-robe, et la croyance que la défécation n'est pas terminée. Souvent les efforts qui accompagnent ce ténesme sont suivis de l'issue d'une notable quantité de sang, ce qui fait que les hémorrhoïdes internes sont tout à la fois procidentes et fluentes.

Le toucher et la pression augmentent la douleur pendant les premières minutes, quelquefois pendant la première demi-heure. Il en est de même de la marche, à cause du frottement des fesses sur les hémorrhoïdes sorties. Puis la sensibilité, après avoir diminué peu à peu, finit par permettre quelques pressions qui préparent la réduction; il n'est pas rare que la douleur s'exaspère de temps en temps sans aucune pression, et que cette exaspération coïncide avec la sensation d'un resserrement circulaire qui ne peut être attribué qu'à une contraction spasmodique passagère du sphincter anal.

Comme signes physiques, lorsqu'on examine la

région malade, on trouve d'abord le bourrelet circulaire formé par les hémorrhoïdes externes, lesquelles sont toujours enflammées concurremment en pareil cas. Elles se gonflent rapidement, soit par suite de la gêne apportée au cours du sang veineux, soit par l'effusion rapide de la sérosité dans les mailles celluleuses enflammées par voisinage. Quoi qu'il en soit, cette turgescence concomitante des hémorrhoïdes externes donne à la tumeur formée par le prolapsus un volume plus considérable et un aspect tout particulier.

En effet, concentriquement au bourrelet des hémorrhoïdes externes qui se distinguent par la couleur rosée de leur surface extérieure et l'aspect violacé de leur face interne, on voit une, deux ou trois bosselures arrondies, d'un rouge foncé ou violacé, dont la surface revêtue par la muqueuse souvent excoriée çà et là, est lisse, douce au toucher, et couverte d'une couche de mucus. Ces tumeurs, formées par les hémorrhoïdes internes sorties, sont ordinairement irrégulières ; quelquefois elles forment un bourrelet circulaire concentrique à celui des hémorrhoïdes externes.

Comment se termine le prolapsus ? Peu à peu le sphincter se relâche, la tumeur s'ouvre çà et là et laisse échapper du sang : peut-être un autre mécanisme qui nous échappe intervient-il ; quoi qu'il en soit, le sang qui distendait les varices hémorrhoïdales reprend insensiblement son chemin vers les veines plus élevées, les tumeurs diminuent en perdant leur couleur foncée, la douleur disparaît, et la muqueuse finit par reprendre sa place dans l'intérieur du rectum.

Souvent les malades facilitent cette réduction en pressant avec la main nue ou avec un linge mouillé d'eau froide, ou avec un corps plus ou moins résistant. Je voyais l'année dernière, à l'hôpital de la Pitié, un homme qui, pour exécuter cette espèce de taxis, s'asseyait et s'appuyait sur l'un des angles antérieurs d'une chaise de bois, en prenant toutes sortes de précautions pour souffrir le moins possible de cette manœuvre.

Lorsque le patient, empêché par la crainte de la souffrance, ne vient pas ainsi en aide à la réduction, celle-ci est toujours plus lente à se compléter.

Quand une fois le prolapsus est réduit, le malade éprouve un bien-être qui se comprend aisément. Débarrassé du ténesme et de la sensation incommode de corps étranger, il n'a plus que le souvenir du mal passé et la crainte d'une récidive.

C'est chose assez ordinaire, en effet, que le prolapsus, avec plus ou moins d'écoulement sanguin, se reproduise à chaque garde-robe. Ce résultat ne manque pas tant que dure la constipation, et en général les individus sujets au prolapsus hémorrhoïdal lentement réductible, sont constipés parce qu'ils mangent peu, et évitent les aliments relâchants afin de reculer le plus possible les selles. Cependant, si, par accident ou par suite de l'ingestion de quelque laxatif, les garde-robes deviennent plus molles ou tout à fait liquides, le prolapsus est moins considérable, et se réduit immédiatement ou du moins très-peu de temps après la défécation.

Je viens d'indiquer les symptômes les plus fréquents du prolapsus hémorrhoïdal lentement réductible. Mais il y a quelquefois des symptômes exceptionnels : en première ligne se trouvent le ténesme vésical et la rétention d'urine ; on voit des sujets qui, pendant toute la durée du prolapsus, ont des envies fréquentes d'uriner, et qui chassent avec souffrance une petite quantité d'urine à la fois. Ces symptômes disparaissent une fois que le prolapsus est réduit. Chez d'autres il y a rétention, c'est-à-dire que, le besoin s'en faisant sentir, le malade ne peut le satisfaire qu'après la terminaison de la crise. Dans l'un et l'autre de ces cas, il y a retentissement sympathique de la douleur anale vers le col de la vessie, sans qu'il soit possible d'expliquer pourquoi, dans le premier, c'est une excitation, et dans le second une atonie momentanée des fibres vésicales qui se produit.

Un autre symptôme exceptionnel est l'appari-

tion du prolapsus, non-seulement pendant la défécation, mais aussi pendant les autres efforts et
pendant la marche. Je n'ai guère vu ce phénomène que chez des sujets très-affaiblis par l'âge,
les pertes sanguines ou quelque lésion organique concomitante. Les tumeurs, lorsqu'elles sortent si facilement, ne sont pas aussi douloureuses
et ne se gonflent pas autant que celles qui s'échappent seulement pendant la défécation. Elles sont
en outre plus faciles à réduire avec la main. Tout
cela s'explique sans doute par un affaiblissement
du sphincter anal.

Quand les crises de prolapsus hémorrhoïdal ont
duré plusieurs années, avec les alternatives que
j'ai fait pressentir, et avec des écoulements sanguins plus abondants à certains moments qu'en
d'autres, il est assez ordinaire que le physique et
le moral s'en ressentent. Les malades maigrissent,
prennent le teint pâle ou jaune, ce qui tient en
partie à la douleur, en partie aux pertes de sang
réitérées, ou, quand ces pertes n'ont pas lieu, à
l'écoulement habituel d'une notable quantité de
mucus. En effet, la muqueuse rectale devient presque toujours le siége, en pareil cas, d'une sécrétion muqueuse à laquelle les anciens ont donné le
nom d'*hémorrhoïdes blanches*, sécrétion dont l'abondance est une cause de plus de fatigue et d'anémie. La maigreur et l'anémie tiennent encore bien

souvent à ce que les malades ne mangent pas suffisamment. Incessamment préoccupés par la crainte d'être dérangés dans leurs occupations et leurs distractions par une garde-robe et la crise qui la suit, ils combinent leurs repas de manière à n'avoir des selles qu'au moment où la gêne ne serait pas trop grande, et ils proportionnent l'abondance de leurs aliments à cette condition. Les uns déjeunent peu, afin de ne pas être exposés à une crise pendant la journée; les autres dinent peu, parce qu'ils craignent d'être dérangés dans une soirée qu'ils veulent consacrer à un passe-temps quelconque. La plupart ont une heure fixe pour aller à la garde-robe, et arrangent leurs repas et toute leur vie pour être libres à cette heure et pouvoir donner à la rentrée de leurs hémorrhoïdes le temps qu'ils savent être nécessaire. Cette préoccupation incessante, en même temps que l'affaiblissement physique, conduit à cet état de l'esprit, qui n'est pas la folie, mais qui est au moins la mélancolie ou l'originalité. Je connais plusieurs hémorrhoïdaires tourmentés par le prolapsus lentement réductible, qui en sont arrivés à un degré de bizarrerie des plus remarquables. Ils refusent toutes les invitations, tous les plaisirs, de peur de n'être pas libres de se soigner, si par hasard une crise arrivait, et finissent par mener une existence des plus monotones.

Il est à noter, du reste, que, quel que soit l'épuisement occasionné par les hémorrhoïdes procidentes, cette maladie n'est pas souvent mortelle. Elle affaiblit le corps et l'esprit, condamne les sujets à une vie triste, mais ne compromet l'existence que dans les cas peu fréquents où les malades sont pris d'une diarrhée rebelle et d'une dyspepsie opiniâtre, avec perte d'appétit et vomissements fréquents, troubles qu'on peut expliquer, soit par l'épuisement anémique, soit par la propagation à tout le tube digestif, de l'irritation habituelle dont la muqueuse rectale est le siége. Il me paraît se passer là quelque chose d'analogue à ce qui m'a tant frappé dans les cas de rétrécissements du rectum, où je voyais les sujets dépérir par suite de la diarrhée, consécutivement à l'ulcération large et suppurante qui existe au-dessus de la partie rétrécie.

Ce qu'il y a de plus fâcheux, c'est que la plupart de ces sujets qui tombent dans l'anémie et dans une hecticité voisine de la mort, en sont venus là par suite de la croyance que les hémorrhoïdes étaient trop avantageuses pour qu'il fût prudent de s'en débarrasser, et cette croyance, ce ne sont pas les gens du monde seulement, ce sont aussi des médecins qui la leur ont inspirée.

J'ai vu, à l'hôpital Cochin, un ouvrier typographe âgé de près de 50 ans, qui, depuis dix ans,

était en proie aux écoulements de sang et **aux**
douleurs du prolapsus hémorrhoïdal, et qui, devenu pâle, faible, bouffi de la figure, atteint de
diarrhée habituelle et de palpitations, s'applaudis-
sait de ses hémorrhoïdes, et était persuadé, d'après
l'opinion que lui avaient exprimée plusieurs médecins, qu'elles lui avaient été utiles en le préservant de bien d'autres maux.

Singulier moyen de salut qu'une maladie qui
vous conduit avant le terme à cet état d'infirmité
et de souffrance ! J'ai traité, il y a quelques mois,
une demoiselle de 35 ans, qui, par suite d'hémorrhoïdes saignantes, procidentes et peu douloureuses, en était venue dans l'espace de huit années à
ne plus digérer, à prendre une diarrhée abondante
sous le moindre prétexte, ce qui, ajouté à la faiblesse, aux palpitations, aux névralgies faciales réitérées, en faisait une véritable invalide que la tuberculisation ou l'hecticité aurait bien pu enlever
quelque jour, si l'appel que j'ai fait à tous les
moyens de la thérapeutique chirurgicale et médicale n'avait pas réussi. Elle aussi, a conservé longtemps ses hémorrhoïdes parce qu'elle les croyait
salutaires ; elle aussi a trouvé des médecins qui,
malgré l'intensité de l'anémie, lui ont dit qu'il serait désastreux pour elle de guérir de ce mal. Je
connais dans le monde plusieurs originaux qui
sont condamnés, par leurs hémorrhoïdes, à une

vie retirée, monotone et triste, et qui, dès le début, ont cru et continuent de croire encore que leur santé, si chétive cependant, aurait vivement souffert de la cessation de leurs hémorrhoïdes. Triste préjugé, bien fait pour indigner les véritables médecins, c'est-à-dire ceux qui, familiarisés avec la physiologie, savent bien que l'homme ne peut vivre convenablement en perdant son sang, et s'épuisant par la douleur! Erreur déplorable qui, par la crainte de maladies possibles, laisse subsister des maladies réelles!

QUATRIÈME VARIÉTÉ. *Hémorrhoïdes internes procidentes et irréductibles par étranglement serré.* — Quelquefois chez un sujet qui n'a pas encore eu de prolapsus hémorrhoïdal, et plus souvent chez ceux qui ont, depuis longtemps, ce prolapsus facilement réductible, avec plus ou moins de saignement, les hémorrhoïdes internes sortent, deviennent plus turgescentes qu'à l'ordinaire, et sont, à cause de leur volume trop grand, ou peut-être par suite d'une contraction insolite du sphincter anal, étranglées par ce dernier, au point de ne pouvoir rentrer spontanément.

C'est en vain que le patient essaye avec sa main; la douleur est trop forte pour qu'il puisse exercer une pression suffisante.

Alors commence une crise des plus douloureuses, qui dure plusieurs jours, et pendant laquelle on observe les phénomènes suivants :

Comme symptômes fonctionnels, il y a d'abord une des souffrances les plus vives auxquelles l'humanité soit exposée. Le malade accuse des élancements, un sentiment de brûlure prolongée, ou bien une sensation analogue à celle que ferait naître une forte pression avec des tenailles. Cette douleur est continue; elle est plus vive la nuit que le jour, et empêche le sommeil; elle est sans relâche, n'est calmée ni par le froid, ni par le chaud, ni par aucun topique, ne devient plus supportable que dans le bain. Elle est exaspérée par le moindre contact soit de la main, soit d'un linge, soit des fesses trop rapprochées l'une de l'autre. Impossible au malade de s'asseoir; c'est à peine s'il peut rester couché sur le côté ou sur le dos. Pour se soulager, il prend par moments les attitudes les plus bizarres, se met à genoux en s'appuyant sur les coudes, de manière à tenir le siége élevé, et à diminuer ainsi la pression que les fesses exercent sur les tumeurs devenues très-volumineuses.

La douleur s'accroît de temps à autre par un spasme du sphincter que le patient indique très-bien en disant que, par moments, il sent ses hémorrhoïdes plus serrées. Ce spasme dure quelques secondes, mais reparaît de temps à autre et ajoute chaque fois un degré nouveau à la souffrance.

Souvent la douleur s'accompagne d'un faux besoin d'aller à la garde-robe, ce qui ajoute un tourment de plus à la situation du patient; car, croyant avoir besoin, il voudrait faire des efforts, mais ces efforts sont eux-mêmes une cause d'aggravation du mal. Si par hasard, le besoin n'étant plus faux, le malade venait à aller à la garde-robe, ce serait la cause d'une nouvelle et horrible recrudescence.

Les besoins d'uriner sont eux-mêmes douloureux; ils reviennent trop souvent, tantôt se réalisent, tantôt ne se réalisent pas, ou se terminent par la sortie de quelques gouttes d'urine. Ce sont les phénomènes de ténesme vésical qui s'ajoutent à ceux de la crise hémorrhoïdale.

La fièvre est d'ailleurs modérée ou nulle; l'appétit est diminué ou tout à fait supprimé par l'état de souffrance.

Quels sont, pendant ce temps, les symptômes physiques? A l'examen de la région malade, on voit d'abord le bourrelet externe circulaire, blanchâtre ou rosé, formé par les hémorrhoïdes externes qui sont toujours enflammées et gonflées en pareil cas. On voit ensuite un autre bourrelet concentrique au précédent, et formé de trois ou quatre tumeurs arrondies, noirâtres ou d'un brun foncé; on les sentirait dures et très-tendues, si la sensibilité qu'éveillerait le contact du doigt permettait de les toucher.

Comment se termine cette crise? Après avoir augmenté pendant deux, trois ou quatre jours, suivant les sujets, l'inflammation diminue; la couleur brune est remplacée çà et là par une couleur noire due à la formation d'eschares qui paraissent comprendre toute l'épaisseur de la membrane muqueuse. Ces eschares s'éliminent, et en même temps que ce travail s'accomplit, les tumeurs diminuent peu à peu, soit parce que le sphincter, en se relâchant, s'oppose moins au retour du sang veineux, soit parce que la sérosité infiltrée dans les mailles des tissus malades se résorbe. Quoi qu'il en soit, après une diminution progressive, et avant qu'on ait vu s'achever le travail de réparation consécutif à la chute des eschares, les hémorrhoïdes internes rentrent, et on n'a plus au dehors que les hémorrhoïdes externes qui perdent promptement leur état inflammatoire. La durée totale de la crise est d'environ huit à dix jours.

Souvent le malade a gagné à cet accident la guérison de son prolapsus hémorrhoïdal. Il va désormais à la garde-robe, sans que les hémorrhoïdes sortent de nouveau ; ou bien, si elles sortent, c'est avec moins de volume qu'autrefois, et elles rentrent avec facilité, sans le secours de la main.

Je n'ai pas eu l'occasion de constater sur le cadavre le mécanisme de cette transformation ou guérison. Je suppose que les cicatrices établies sur la muqueuse, après la chute des eschares, ont fait perdre à cette membrane la souplesse et l'extensibilité qui lui permettaient naguère de se laisser repousser au moment de la défécation. J'ai supposé aussi que le sang s'était coagulé dans les varices, sous l'influence de la phlébite survenue pendant la crise d'étranglement, et que les caillots devenus adhérents dans un certain nombre, sinon dans la totalité de ces varices, les obstruaient, et ne leur permettaient plus de se distendre comme par le passé. Peut-être les deux choses ont-elles lieu en même temps? En tout cas, je signale le fait qui est important, et je réserve les explications jusqu'à démonstration meilleure.

Tous les patients, du reste, ne sont pas aussi heureusement partagés. Quelques-uns conservent le prolapsus lentement et difficilement réductible, d'autres le saignement, et il en est, mais ce sont heureusement les plus rares, chez lesquels la crise d'étranglement se reproduit une seconde ou une troisième fois.

§ IV. — DIAGNOSTIC.

Je commence par établir que, pour faire le diagnostic des hémorrhoïdes internes, il faut examiner

l'anus et ne pas s'en rapporter au dire des malades. Pour eux le mot hémorrhoïdes est un terme
générique par lequel ils expriment toutes les
souffrances et les simples malaises de cette région.
A tout moment, nous voyons des sujets se plaindre
d'hémorrhoïdes lorsqu'ils ont en réalité une fissure, un chancre anal, un condylome, des plaques
muqueuses, un abcès, un cancer.

Trop souvent les médecins ont accepté, sans y
regarder, l'interprétation qu'on leur donnait, et
pour ce motif n'ont pas employé le traitement qui
eût convenu. Il faut bien dire que cette négligence
etait justifiée par les descriptions des auteurs qui,
tels que J.-L. Petit et Montègre, ont mis sur le
compte des hémorrhoïdes et décrit à propos d'elles
des affections qui n'en dépendent pas, la fissure et
les condylomes, par exemple. Elle s'explique aussi
par l'opinion trop longtemps accréditée, qu'il fallait, dans l'intérêt de la santé générale, conserver
sans aucun traitement les hémorrhoïdes réputées
salutaires. Pourquoi en effet condamner les malades à un examen désagréable pour une lésion
dont on n'avait pas à les débarrasser? Aujourd'hui
deux notions positives sont acquises à la pratique :
la première, que bon nombre de maladies douloureuses de l'anus ne sont pas hémorrhoïdales
et réclament un traitement spécial, la seconde que
les hémorrhoïdes elles-mêmes doivent être com-

battues, lorsqu'elles sont une cause de souffrance.
Dans l'un et l'autre cas, il est impossible de suivre
les indications et d'y satisfaire si l'on ne sait pas
de quoi il s'agit; donc avant tout on doit examiner.

Aussi bien le diagnostic est-il alors des plus faciles. Si l'on ne voit rien tout d'abord, et que, d'après
les commémoratifs, on puisse croire à un prolapsus
hémorrhoïdal saignant, ou douloureux par suite
d'excoriations, on fait prendre, séance tenante, un
lavement, et on procède à l'examen dès que ce lavement vient d'être rendu. Pour cela, on fait coucher le malade sur le côté, comme pour l'exploration des fistules à l'anus, et on écarte les fesses
avec les deux mains.

On constate ainsi facilement l'existence d'un
double bourrelet (externe et interne); on voit si
une ou plusieurs des hémorrhoïdes internes sont
privées ou de leur épithélium, ou de leur membrane muqueuse, ce qui peut expliquer les douleurs analogues à celles de la fissure. Lorsque du
sang vient d'être rendu, on peut distinguer l'ouverture, habituellement couverte d'un caillot, par
laquelle ce sang est sorti.

Si l'on est appelé auprès du patient pendant une
de ces crises de prolapsus douloureux modérément étranglé, qui suivent les garde-robes ordinaires, il suffit de découvrir la région malade pour

voir ce dont il s'agit. A quoi ressemblent, en effet, ces tumeurs arrondies et bleuâtres qui sont au centre de l'orifice anal et le masquent? Assurément, ce n'est pas aux hémorrhoïdes externes cutanées; car celles-ci sont revêtues, au moins sur un de leurs côtés, par la peau, dont la couleur rosée leur donne un aspect tout différent. Ce n'est pas non plus au prolapsus non hémorrhoïdal de la muqueuse rectale, tel qu'on l'observe chez les enfants et quelquefois chez les vieillards. Ce prolapsus, quel que soit son volume, ne présente pas les saillies ou bosselures que donnent les hémorrhoïdes procidentes; il offre une surface à peu près dépourvue d'aspérités et dont la couleur est d'un rouge uniforme, sans mélange de couleur bleuâtre, violacée ou noire.

L'hémorrhoïde externe muqueuse ressemble davantage aux hémorrhoïdes internes procidentes; mais le séjour continuel de la tumeur au dehors, la constatation de son implantation au voisinage de la peau, permettent encore d'établir aisément le diagnostic.

Il faudrait être bien inexpérimenté pour prendre un polype saillant à l'extérieur pour une hémorrhoïde interne procidente. D'abord, le polype se voit surtout chez l'enfant, qui n'est pas sujet aux hémorrhoïdes internes. Ensuite, la tumeur qu'il forme n'a pas la couleur brune qu'aurait une hémorrhoïde interne procidente. Enfin elle est mollasse et n'offre pas la résistance et la tension des varices distendues par le sang veineux.

J'ai vu souvent des malades, signalés par leurs médecins comme hémorrhoïdaires, quoiqu'ils eussent un cancer ou un cancroïde du rectum. Cette erreur est bien la preuve de l'insuffisance dans les habitudes d'exploration. En effet, le cancer qui occupe l'anus lui-même présente, avec ou sans bosselures, des duretés que n'ont pas les hémorrhoïdes. Celui qui occupe le rectum, au-dessus de l'anus, ne devient pas procident; il est douloureux et saigne, sans prolapsus, ce que ne font pas les hémorrhoïdes internes. Il permet enfin de constater par le toucher rectal des indurations et des mamelons intérieurs que ne forment pas les hémorrhoïdes séjournant dans le rectum.

S'agit-il enfin d'une crise de prolapsus avec étranglement serré, l'exploration et les douleurs du patient permettent encore d'établir bien vite le diagnostic.

En réalité, quand on y regarde de près, à la suite d'une défécation naturelle ou après l'expulsion d'un lavement, il n'est possible de confondre les hémorrhoïdes internes en prolapsus avec aucune autre maladie de la région.

§ V. — PRONOSTIC.

Il ressort évidemment des distinctions que j'ai
eu soin d'établir que les hémorrhoïdes internes
n'occasionnent aucun dérangement de la santé et,
conséquemment, ne présentent rien de fâcheux
dans les trois circonstances suivantes :

1° Lorsqu'elles restent dans l'intérieur du rectum et ne produisent que les phénomènes passagers et peu gênants de la turgescence ;

2° Lorsqu'elles forment, au moment de la défécation, un prolapsus à peine douloureux ou passagèrement douloureux, qui rentre seul ou après
quelques douces pressions ;

3° Lorsque, avec ou sans prolapsus, elles donnent pendant la défécation une petite quantité de
sang variant d'une cuiller à café à une cuiller à
bouche. Je n'accorde pas volontiers que ce flux et
ce prolapsus soient salutaires, il me suffit qu'ils
ne soient pas dangereux pour que je sois peu disposé à combattre l'opinion de ceux qui croient à
leur utilité. Je me contente de dire, en pareil cas,
que les hémorrhoïdes sont indifférentes, et que
leurs avantages réels ne sont pas plus démontrés
que ceux de bien d'autres maladies chroniques :
les ulcères des jambes, l'eczéma, la fistule à
l'anus, etc.

Lorsque les hémorrhoïdes internes sont assez fluentes pour occasionner de l'anémie, et je parle ici, non pas de l'anémie très-prononcée, mais de l'anémie commençante, caractérisée par une légère pâleur, une grande facilité à se fatiguer, une disposition à la syncope et aux palpitations, elles ne sont plus indifférentes et commencent à devenir fâcheuses. Ce n'est pas qu'elles compromettent la vie, ni même qu'elles occasionnent une grande gêne, mais elles tiennent l'individu dans un état voisin de la maladie, et qui se caractérise par une diminution de l'énergie physique et morale. Si c'est un homme, il ne peut ni faire de longues courses, ni porter de lourds fardeaux, ni supporter les veilles. Son tempérament et ses habitudes prennent de l'analogie avec ceux de la femme, chez laquelle le flux menstruel entretient certainement la débilité caractéristique. Si c'est une femme, elle trouve dans cette double perte sanguine, celle des règles et celle des hémorrhoïdes, une cause d'épuisement plus grand ; sans doute elle peut s'occuper encore de ses travaux sédentaires et intérieurs ; mais elle est souvent fatiguée, facilement malade, et n'a pas la gaieté et l'entrain des constitutions qui ne sont pas autant appauvries. J'ai interrogé plusieurs femmes devenues notablement anémiques par ces deux causes, et qui convenaient que leur santé était pour elles une source d'ennui.

Ajoutez que ces sujets (hommes et femmes), fati-
gués par les pertes de sang, sont souvent tourmentés par la diarrhée, la dysentérie, les névralgies, les gastralgies, toutes choses qui n'auraient
pas lieu, si la source rectale des pertes sanguines
était tarie.

Certainement les médecins qui ont parlé des
avantages des hémorrhoïdes n'ont pas su observer cette anémie commençante, ou n'ont pas
su qu'il fallait lui attribuer les troubles divers
dont je viens de parler. S'ils l'avaient su, ils
n'auraient pas aussi longtemps persisté dans
leur opinion, que les hémorrhoïdes étaient salutaires. Une lésion n'est jamais salutaire quand elle
fait perdre à celui qui en est atteint une partie de
ses aptitudes physiques.

Quand l'anémie est au plus haut degré, celui
dans lequel on voit une pâleur extrême, des palpitations habituelles, une dyspepsie continue, de
l'œdème aux jambes, la maladie devient plus
grave. Rarement elle est cause de mort; cela
n'a guère lieu que dans les cas rares où elle
se termine par une tuberculisation pulmonaire.
Les sujets vivent donc, mais affaiblis et incapables
d'efforts physiques et intellectuels, dans un état
très-voisin de l'infirmité.

Les hémorrhoïdes internes sont encore une
maladie fâcheuse, lorsqu'elles ont, avec ou sans

flux sanguin, la forme procidente et douloureuse, avec lenteur de réduction. Sans doute la vie n'est pas compromise encore, sans doute il n'y a pour cela aucun trouble des grandes fonctions, mais ce prolapsus est l'objet d'une préoccupation incessante. Le sujet craint les garde-robes en temps inopportun; il est obligé d'arranger sa vie pour cette fonction; il devient morose, hypochondriaque, sans compter que si l'écoulement de sang est notable, l'anémie s'ajoute aux tourments causés par la douleur et la gêne du prolapsus.

Ce serait une erreur que de considérer ces hémorrhoïdes-là comme salutaires. Elles ne sont même pas indifférentes. En admettant qu'elles ne finissent pas par abréger la vie, elles l'attristent du moins par une véritable infirmité.

Il est vrai qu'avec le temps et l'âge cette infirmité s'amoindrit. Le prolapsus devient moins gênant quand il a duré plusieurs années; il rentre de plus en plus aisément, soit parce que le sphincter est devenu de moins en moins résistant, soit parce que la sensibilité du sujet a été émoussée par les années. Une tolérance, en un mot, s'établit, qui rend l'infirmité beaucoup plus supportable; mais cette tolérance a été achetée par de longues années de souffrances ou de malaise.

Il va sans dire que les hémorrhoïdes internes excoriées et douloureuses à la manière des fissures

intolérantes sont encore très-fàcheuses, même
lorsqu'elles sont solitaires. On est vraiment sur-
pris de voir que de pareilles souffrances aient été
quelquefois présentées aux patients comme un
bénéfice. Elles constituent, selon moi, le don le
plus cruel, et je ne saurais admettre que la Pro-
vidence se serve de pareils moyens pour maintenir
l'équilibre de la santé.

Rien à dire sur les hémorrhoïdes internes étranglées. C'est la forme certainement la plus fàcheuse,
quoiqu'elle ne conduise pas non plus à la mort. Heureusement sa gravité est compensée par cette circonstance que la crise est souvent suivie, sinon d'une
guérison entière du prolapsus douloureux et du
flux, au moins d'une amélioration qui ramène les
hémorrhoïdes à l'état indifférent que j'ai signalé
plus haut.

§ VI. — TRAITEMENT.

Les indications varient nécessairement, suivant
qu'on se trouve en présence de l'une ou l'autre
des variétés cliniques précédemment indiquées.

1° Pour les hémorrhoïdes non procidentes, non
douloureuses et saignant habituellement à chaque
garde-robe, mais en petite quantité ; pour ces cas,
en un mot, où j'ai dit que les hémorrhoïdes étaient
indifférentes, la thérapeutique n'a le plus souvent

rien à faire, et cela pour une raison toute simple, c'est que les sujets ne se plaignent de rien et ne demandent aucun conseil.

Si cependant on était appelé à donner un avis, on devrait bien étudier l'état général, et s'assurer si la perte habituelle ou fréquente du sang pendant la défécation n'a pas produit déjà un commencement d'anémie. S'il en était ainsi, ce ne serait pas assurément une raison pour proposer de suite un traitement chirurgical, mais ce serait un motif suffisant pour conseiller les moyens propres à diminuer, sinon à supprimer tout à fait l'écoulement sanguin. Ces moyens sont purement médicaux, et en première ligne il faut placer les laxatifs et le régime. On n'oubliera pas que l'une des principales causes de la distension des varices rectales et de leur rupture est la constipation. Pour éviter cette dernière, on conseillera l'usage habituel ou fréquent de la magnésie à la dose de deux ou trois cuillerées à café tous les deux ou trois jours, celui de la rhubarbe à la dose de 0,50 à 0,60 centig. chaque jour dans la première cuillerée de potage, ou bien encore celui d'une ou de deux pilules purgatives du genre de celles qu'on appelle pilules *ante cibum*, pilules écossaises, etc., etc. On devra veiller à ce que ces agents n'occasionnent pas la diarrhée, et trouver la dose à laquelle ils procurent des garde-robes assez fréquentes et assez molles pour éviter une compression trop longtemps continuée de la paroi rectale, et conséquemment des veines qui y rampent.

Le régime sera en rapport avec cette même indication. On donnera la préférence aux viandes blanches, aux légumes et aux fruits; on s'abstiendra de vin pur et d'alcooliques; on évitera la station assise trop longtemps prolongée; on fera le plus d'exercice possible.

2° Pour les hémorrhoïdes procidentes, mais promptement et facilement réductibles, il n'y a encore rien de sérieux à conseiller, si ce n'est les mêmes précautions que tout à l'heure, en vue tant d'empêcher les saignements que d'arrêter le développement des tumeurs et de leur conserver un volume assez petit pour que leur réduction continue à être facile.

3° Pour les hémorrhoïdes procidentes facilement réductibles, mais saignant assez souvent et assez abondamment pour avoir produit déjà une anémie plus ou moins prononcée (1re variété, page 94), pour celles qui sont tout à la fois procidentes et très-douloureuses par suite d'une excoriation (2e variété, page 100), pour celles enfin qui sont lentement et difficilement réductibles, avec des douleurs pendant toute la durée du prolapsus et plus ou moins de saignement (3e variété, page 101),

un traitement palliatif par les moyens médicaux
ne suffit plus, un traitement curatif par les moyens
chirurgicaux devient nécessaire. Mais je m'explique à l'avance sur ce qu'en matière d'hémorrhoïdes j'entends par guérison. Je prétends désigner par là, non pas une disparition entière et
absolue des hémorrhoïdes, mais la cessation des
accidents ou symptômes fonctionnels qu'elles
occasionnent. Peu importe, en effet, que les tumeurs variqueuses persistent, pourvu que le malade n'ait plus les hémorrhagies qui l'épuisent, ou
les douleurs qui le fatiguent et l'attristent. Il en
est des hémorrhoïdes internes, comme des externes. Elles peuvent subsister, au moins en partie, pourvu qu'elles n'occasionnent plus aucun
trouble. D'ailleurs la guérison radicale est difficile
à obtenir, et pour y arriver il faut faire courir
des dangers qu'on évite en se contentant d'une
modification anatomique suffisante pour supprimer
tous les inconvénients de la maladie.

Ceci bien entendu, voyons les moyens qui ont
été conseillés, et cherchons ceux auxquels la préférence doit être accordée. A toutes les époques, les
opinions ont varié entre l'excision, la ligature et
la cautérisation. Examinons chacune de ces méthodes :

A. *Excision.* Elle peut être faite avec les ciseaux
ou avec l'écraseur linéaire.

1° On trouve l'excision avec les ciseaux indiquée par presque tous les auteurs qui ont parlé des hémorrhoïdes; mais elle est indiquée dans un article général, au commencement duquel on a bien distingué les hémorrhoïdes internes des externes, et à la fin duquel, cette distinction semblant oubliée, on ne dit plus si la méthode convient aussi bien à l'une des variétés qu'à l'autre.

La vérité est que l'excision pratiquée pour les hémorrhoïdes externes est habituellement sans danger; j'en ai donné les raisons plus haut, avec les motifs pour lesquels cependant elle est rarement indiquée. Mais pour les hémorrhoïdes internes, ce n'est plus la même chose. L'excision expose à deux accidents : l'hémorrhagie et l'infection purulente. L'hémorrhagie s'explique par la quantité de veines ouvertes à la fois, par la facilité avec laquelle le sang s'echappe de ces veines dépourvues de valvules et si notablement dilatées. Peut-être est-elle due aussi à l'ouverture de quelques artères amplifiées à côté des varices. Je n'ai pas eu l'occasion de voir d'hémorrhagie de ce genre, et on en voit peu aujourd'hui, parce que l'opération dont il s'agit est très-rarement exécutée. Mais les auteurs qui ont parlé de ce procédé, Dupuytren et Boyer en particulier, doivent avoir conservé de quelques faits, qu'ils ont le tort de ne pas citer, une impression très-défavorable en ce qui concerne l'écoulement sanguin. Le premier, en effet, déclare (1) que les deux cinquièmes de ses opérés ont eu des hémorrhagies sérieuses, et pour cette raison, il a fini par adopter la cautérisation avec le fer rouge immédiatement après l'excision. Le second, Boyer (2), ne cite pas plus que Dupuytren de cas de mort par hémorrhagie, mais il parle beaucoup de cet accident, insiste sur l'emploi d'un pansement compressif qui devait être fort gênant et même douloureux, s'en occupe enfin avec la sollicitude d'un chirurgien qui a été témoin de plusieurs cas de mort.

Je ne résiste pas du reste à montrer jusqu'à quel point les meilleurs auteurs sont embarrassés sur le traitement des hémorrhoïdes. Boyer commence son paragraphe sur l'excision par ces paroles (t. VI, p. 554) : « L'excision des hémorrhoïdes « est le moyen le plus sûr et le plus prompt de « délivrer les malades, non-seulement lorsque les « tumeurs sont externes, mais encore quand elles « sont implantées dans le rectum ; » et plus loin, après avoir parlé de l'hémorrhagie qui suit l'excision des hémorrhoïdes internes, il se résume en disant : « Il résulte de ce qui vient d'être dit que « l'hémorrhagie est toujours à craindre après l'ex-

(1) *Clinique chirurgicale*, t. IV, p. 126.
(2) *Traité des maladies chirurg.*, t. VI, p. 554 (5ᵉ édit.).

« cision des tumeurs hémorrhoïdales internes, et
« qu'on ne saurait prendre trop de précautions pour
« se mettre en garde contre ce terrible accident. »
N'est-il pas plus simple de renoncer de suite à un
mode de traitement si dangereux?

L'infection purulente est une autre conséquence
possible de l'opération par excision. Il doit arriver, en effet, que chez certains sujets la suppuration se propage de la petite plaie tégumentaire
aux veines qui ont été ouvertes, et l'on sait que la
phlébite suppurative occasionne souvent la maladie
grave que nous désignons sous le nom d'infection
purulente. Je ne pourrais cependant citer de faits
probants à l'appui, par la même raison que je donnais tout à l'heure, savoir parce que je n'ai ni
fait ni vu faire par mes maîtres ou mes contemporains, l'excision des hémorrhoïdes internes.

Tous en ont été détournés à juste raison, et par
le danger des hémorrhagies et par la présomption
très-fondée qu'une phlébite suppurative grave pou-
vait survenir. En somme, les motifs allégués
contre l'excision avec les ciseaux sont tellement
légitimes que je la rejette définitivement avec tous
mes contemporains, et que dès lors je considère
comme inutile la description et du mode opératoire et des moyens hémostatiques à employer
consécutivement.

2ᵉ L'excision a été souvent pratiquée de nos

jours par écrasement. C'est même pour cette ablation qu'a été le plus souvent employé l'écraseur linéaire de notre ingénieux et savant collègue, M. Chassaignac.

Je n'adopte pas l'écrasement linéaire comme méthode générale, parce que je lui reproche, comme à l'opération avec les ciseaux, d'exposer aussi, quoiqu'un peu moins, à l'hémorrhagie, et d'exposer tout autant à la mort par infection purulente. Cependant, comme il faudra sans doute recourir encore quelquefois à l'excision, dans des cas que je spécifierai plus loin, ceux où la cautérisation est inapplicable ou insuffisante, et comme cette excision est un peu moins dangereuse avec l'écrasement linéaire qu'avec les ciseaux, c'est déjà une raison pour exposer les détails du manuel opératoire. J'ai deux autres motifs pour le faire : d'abord la préférence que donnent encore aujourd'hui beaucoup de chirurgiens à ce mode de traitement, et ensuite la direction même qui a été donnée à mes idées et à ma pratique par les modifications que j'avais apportées d'abord à l'écrasement linéaire.

Cette méthode peut, en effet, être exécutée de deux façons, que je désignerai sous les noms d'écrasement linéaire total ou annulaire, et d'écrasement linéaire partiel.

a. *Écrasement linéaire total ou annulaire.* — Cette

opération, qui est celle de M. Chassaignac, mérite ce nom d'écrasement total, parce qu'elle comprend non-seulement toutes les hémorrhoïdes internes procidentes, mais aussi le bourrelet concomitant des hémorrhoïdes externes.

La dénomination d'annulaire, employée dans une discussion importante qui eut lieu à la Société de chirurgie en janvier et février 1859 (1), la caractérise aussi très-bien, et a l'avantage de mettre sous les yeux du chirurgien l'une de ses conséquences possibles : le rétrécissement de l'anus.

L'opération se pratique de la manière suivante :

Dans un premier temps, on fait sortir les hémorrhoïdes internes. Pour cela, il suffit d'administrer un lavement et d'être prêt à opérer aussitôt qu'il vient d'être rendu.

Dans un second temps, le malade étant couché sur le côté, comme pour l'opération de la fistule à l'anus, on l'endort avec le choloroforme ou l'éther. Sans cette précaution la douleur serait trop vive chez la plupart des sujets.

Le troisième temps consiste à pédiculiser toute la tumeur hémorrhoïdale avec un fil ciré double ou triple, appliqué circulairement autour de la partie adhérente des hémorrhoïdes cutanées.

Enfin, pour le quatrième temps, l'anesthésie étant

____

(1) *Bulletins de la Soc. de chir.*, tome IX.

convenablement entretenue, on place la chaîne de l'écraseur dans le sillon déterminé par le fil, et on la serre progressivement et lentement, en laissant un intervalle d'environ quinze secondes entre chacun des temps au moyen desquels on augmente la constriction. A défaut de l'écraseur linéaire, instrument trop bien connu aujourd'hui pour que j'aie besoin de le décrire ou de le faire représenter ici, on pourrait se servir du serre-nœud de Graefe, pourvu d'une anse de fil de fer ou même d'une ficelle solide, instrument auquel M. Maisonneuve a donné la préférence pour les opérations de ce genre, qu'il appelle ligatures extemporanées.

La section est complète au bout de dix à vingt minutes. On ne fait aucun pansement, et l'on se contente d'appliquer sur l'anus des linges mouillés d'eau froide. Il faut, dès le lendemain, introduire une sonde de femme ou le doigt dans le rectum, afin d'empêcher l'accollement à lui-même de tout le contour rectal. Si cet accollement était commencé et paraissait devoir se reproduire, l'introduction journalière d'une mèche serait préférable.

Le plus souvent, à la suite de cette opération, le malade a éprouvé peu de douleur et n'a pas eu d'hémorrhagie; l'inflammation consécutive a été modérée et de courte durée; la guérison a été obtenue dans l'espace de quinze à vingt jours.

Le seul incident ordinaire est une douleur, et quelquefois une perte de sang après la première et même après la seconde garde-robe.

Ce sont là certes de brillants résultats, et ils étaient bien faits pour entraîner vers la méthode de M. Chassaignac tous les jeunes chirurgiens témoins des succès de cet habile opérateur.

Mais dix années à peine s'étaient écoulées que des accidents sérieux étaient signalés et venaient singulièrement atténuer la première impression laissée par ce mode opératoire.

Ces accidents sont de trois sortes : l'hémorrhagie, l'infection purulente et le rétrécissement de l'anus.

L'hémorrhagie a été signalée comme s'étant produite peu de temps après l'opération, par Morel-Lavallée (1), comme ayant eu lieu après la première garde-robe, par MM. Houel (2), Broca (3) et A. Richard (4).

Je sais bien que ces hémorrhagies n'ont pas été mortelles; j'admets même volontiers que nous avons, dans le perchlorure de fer étendu d'eau et le tamponnement avec la queue de cerf-volant, des moyens pour arrêter le sang.

(1) *Bull, de la Soc. de chirurg.*, t. IX, p. 298.
(2) *Id.*   *id.*   t. IX, p. 290.
(3) *Traité des tumeurs*, t. Ier, p. 529.
(4) *Bull. de la Soc. de chirurg.*, t. IX, p. 304.

J'accorderais même encore que l'écoulement sanguin a été dû à une faute de l'opérateur, qui a terminé sa section trop rapidement. Mais il n'en reste pas moins vrai que, dans une certaine mesure, et dans certaines conditions individuelles que le chirurgien le plus attentif ne saurait ni prévoir ni empêcher, le malade peut être fatigué à la suite de l'écrasement circulaire, par une hémorrhagie et par les moyens hémostatiques que l'on est obligé de mettre en usage pour l'arrêter.

Je suis obligé d'être un peu plus réservé sur l'infection purulente. J'ai entendu citer plusieurs cas de mort par cette maladie à la suite de l'écrasement annulaire; mais les faits n'ont pas été publiés, et je n'ai pas de renseignements assez précis pour me permettre de les faire sortir de leur obscurité. Je ne connais qu'un seul exemple qui ait été livré à la publicité; il se trouve dans le *Traité des tumeurs* de M. Broca (1), qui le signale comme s'étant présenté dans sa propre pratique. Quoique l'auteur ne se soit pas expliqué, j'ai tout lieu de penser qu'il s'agissait bien, dans ce cas, d'un écrasement annulaire.

Mais si je ne possède pas assez de faits authentiques pour affirmer que l'écrasement linéaire donne lieu fréquemment à l'infection purulente, j'en ai assez vu avec l'écrasement partiel pour ne pas

(1) T. I, p. 530.

douter que cette grave complication survienne aussi quelquefois après le premier.

Pour ce qui est du rétrécissement de l'anus, les documents ne manquent pas. Le premier exemple incontestable en a été présenté à la Société de chirurgie, par M. Follin, le 19 janvier 1859. Le malade, opéré depuis peu de temps, n'allait librement à la garde-robe que lorsqu'il avait de la diarrhée; en toute autre circonstance, il était obligé de comprimer le périnée soulevé par le bol fécal, et d'exprimer ainsi ce dernier qui passait par l'anus comme par une filière. A côté de ce fait, le même chirurgien en a cité un autre, observé à l'hôpital de la Charité sur un homme qui, opéré trois ans auparavant, avait un rétrécissement permettant à peine l'introduction du petit doigt, et formé par un tissu inodulaire tout à la fois douloureux et inextensible. Deux cas analogues ont été cités, l'un par M. A. Richard, l'autre par Morel-Lavallée, dans la discussion qui a suivi cette communication. Il est donc bien avéré aujourd'hui que l'excision circulaire des hémorrhoïdes internes avec l'écraseur linéaire peut être suivie d'un rétrécissement anal, non mortel sans doute, mais source de. gêne, de douleurs même pendant la défécation, et causant par conséquent une légère infirmité.

L'écrasement linéaire annulaire est jugé par

les détails qui précèdent. Les hémorrhoïdes internes ne sont pas assez graves par elles-mêmes, et ne compromettent pas assez la vie pour qu'il faille diriger contre elles un traitement capable d'occasionner, même dans de rares circonstances, soit une infirmité, soit la mort. Si nous n'avions rien de mieux à proposer, il faudrait s'en tenir aux palliatifs, et s'abstenir de moyens chirurgicaux. C'est ainsi, du reste, que, pour ma part, e en quelque sorte instinctivement, j'ai toujours jugé l'écrasement annulaire. Je ne l'ai jamais pratiqué, et il me semble que ma répulsion sera désormais partagée par tous les chirurgiens qui mettront en regard des dangers de cette méthode l'innocuité de celle dont je parlerai plus loin (*La cautérisation avec l'acide azotique*).

b. *Ecrasement linéaire partiel.* — Sous ce nom l'on a compris deux choses :

1° M. Chassaignac, en répondant à M. Follin (1), a signalé deux procédés d'écrasement linéaire : l'annulaire dont nous venons de parler, et le latéral, dans lequel on enlève avec la chaîne une ou plusieurs des hémorrhoïdes, en laissant les autres en place. Mais M. Chassaignac ne s'est pas beaucoup expliqué sur la valeur de ce second procédé,

____

(1) Soc. de chirurg., séance du 27 janvier 1859, *Bull.*, t. IX, p. 286.

qu'il ne paraissait pas avoir employé souvent à cette époque.

Il avait, d'autre part, le tort de ne pas expliquer nettement si, dans son excision latérale, il comprenait tout à la fois les hémorrhoïdes cutanées et les hémorrhoïdes muqueuses, ou seulement ces dernières.

Ce fut à cette occasion que je fis connaître pour la première fois mes opinions sur les limites que je donnais à l'ablation des hémorrhoïdes, et sur la manière dont j'employais, pour elles, l'écrasement linéaire. Je déclarai catégoriquement (1) qu'il était inutile et dangereux, dans les opérations de ce genre, d'enlever les hémorrhoïdes cutanées en même temps que les hémorrhoïdes muqueuses ou internes ; que les premières pouvaient être conservées sans aucun inconvénient, et que les enlever en même temps que les secondes, c'était augmenter, sans aucun profit, les chances de rétrécissement et d'infection purulente.

J'annonçai que, guidé par l'observation de malades qui, à la suite de la cautérisation au fer rouge, avaient été débarrassés des inconvénients de leurs hémorrhoïdes internes, et n'avaient plus été gênés par leurs hémorrhoïdes externes qu'on avait laissées en place, j'avais jusque-là opéré

____

(1) *Bull. de la Soc. de chirurg.*, t. IX, p. 295.

exclusivement les hémorrhoïdes internes avec l'écraseur, en faisant, non pas une section annulaire, mais plusieurs sections partielles qui portaient sur les points les plus soulevés de la membrane muqueuse procidente. Je n'avais alors, il est vrai, employé ce procédé que six fois, mais il m'avait réussi et n'avait pas, comme on le conçoit, donné de rétrécissement anal consécutif.

L'exécution est, il est vrai, plus lente et moins brillante que celle du précédent, surtout si l'on n'a qu'un seul écraseur à sa disposition. Il est nécessaire, en effet, de pédiculiser successivement avec un fil, puis de couper avec l'écraseur deux, trois ou quatre points variqueux et proéminents de la muqueuse rectale. Il est vrai que j'avais paré à la lenteur résultant de cette manière d'opérer par l'emploi simultané de deux ou trois écraseurs, dont un ou deux étaient tenus, et au besoin manœuvrés par des aides dont je dirigeais les actes, pendant que moi-même je faisais marcher un des instruments.

Mes premières tentatives dans cette direction ont été heureuses, et lorsque je faisais part à la Société de chirurgie de mes deux innovations : l'abandon à elles-mêmes des hémorrhoïdes externes, et l'ablation par places des hémorrhoïdes internes, je croyais sincèrement que la perfection était atteinte, et que la chirurgie était en possession d'un moyen tout à la fois certain et innocent contre les hémorrhoïdes douloureuses ou trop saignantes.

Hélas! cette illusion devait bientôt tomber. Pour la première fois, à la fin de cette même année 1859, j'eus la douleur de perdre, par une infection purulente des mieux caractérisées, un malade de la ville auquel j'avais fait, avec toutes les précautions désirables, l'ablation de trois hémorrhoïdes internes qui, depuis longtemps, occasionnaient pendant la défécation une perte de sang et des douleurs avec procidence de quelques heures. Les hémorrhoïdes externes avaient été respectées; il n'y avait pas eu d'hémorrhagie pendant ni après l'opération; les trois plaies étaient aussi petites que possible, et cependant, dès le commencement du troisième jour, un violent frisson se déclarait, la fièvre s'allumait; puis de nouveaux frissons, l'altération des traits, la sécheresse de la langue, la teinte ictérique, la continuité de la fièvre, le délire ne me laissaient aucun doute sur l'existence d'une infection purulente qui emporta mon opéré le neuvième jour.

Peu de temps après, le 5 février 1862, j'avais à traiter d'hémorrhoïdes saignantes et procidentes pendant la défécation, avec difficulté de réduction et douleur pendant toute la durée du prolapsus, une dame de 42 ans, forte et assez bien constituée,

mais dont la santé était altérée par l'anémie que
causaient les pertes de sang souvent abondantes
au moment de la défécation. Pour ce motif, et
aussi à cause de la douleur du prolapsus, il y avait
indication de la débarrasser. Les hémorrhoïdes
internes, devenues bien apparentes après l'expulsion d'un lavement, formaient trois bosselures
assez grosses et deux plus petites. Des excoriations
saignantes et sensibles se voyaient sur divers
points de la tumeur. Les hémorrhoïdes externes
devenaient promptement turgescentes, une fois
que les internes étaient à l'extérieur. Il fut convenu
que les internes seules seraient enlevées sur trois
points avec la précaution de laisser entre chacune
des sections des intervalles ou ponts au niveau
desquels la muqueuse resterait intacte.

Je procédai à l'opération, de concert avec mon
ami le Dr E. Tillot, après avoir endormi la malade
avec le chloroforme. Un des boursouflements
muco-variqueux fut embrassé par la chaîne de
l'écraseur Chassaignac, les deux autres par le fil
de fer du serre-nœud ; chacune des tumeurs avait
été préalablement pédiculisée avec un fil double.
L'opération se passa bien. Chacune des plaies faite
par les instruments n'avait pas plus de 5 à 6 millimètres de longueur. Elles fournirent un peu de
sang, mais très-peu ; aucun pansement consécutif
ne fut fait. La première journée et la moitié de la

seconde se passèrent bien ; mais, vers la fin du
second jour, et avant qu'une première garde-robe
eût eu lieu, un grand frisson se déclara, la fièvre
s'alluma, la peau prit une teinte sub-ictérique, et
la malade ne tarda pas à nous présenter les symptômes les mieux accusés d'une péritonite aiguë,
avec un état fébrile comparable à celui des fièvres
typhoïdes les plus graves. Bientôt le ventre se bal-
lonna, la face se grippa, la prostration devint considérable, et au bout de quatre jours la malade était
morte.

Quoique nous ayons eu, peu de temps après
le frisson, les douleurs du ventre, les vomissements,
et plus tard le ballonnement de la péritonite, cependant j'ai cru pouvoir, vu la gravité immédiate
et la terminaison promptement mortelle de la maladie, vu l'absence de toute autre cause capable de
l'occasionner, vu le frisson du début, la teinte
sub-ictérique et la prostration si rapidement survenue, expliquer cette péritonite qui, sans aucun
doute, est devenue promptement suppurative, par
une intoxication analogue à celle qui caractérise
l'infection purulente. Je suis de ceux qui pensent,
en effet, que les foyers de pus, dans cette maladie,
peuvent se former aussi bien dans une cavité sé-
reuse ou synoviale que dans les parenchymes pulmonaire et hépatique. D'ailleurs, l'autopsie n'ayant
pas été faite, je puis croire qu'il y avait peut-être

en même temps des abcès métastatiques dans les poumons et le foie.

Ces deux faits m'ont laissé une vive et profonde impression, qui a complétement effacé l'impression favorable produite sur moi par dix autres observations dans lesquelles j'avais employé avec succès l'écrasement linéaire partiel. Rien de plus séduisant que la simplicité des suites dans ces autres cas : point d'hémorrhagie, douleur supportable pendant les premières heures qui suivent l'opération, quelques douleurs encore après la première et la seconde défécation, point de fièvre, en réalité point de maladie consécutive, et cependant guérison, sinon des tumeurs elles-mêmes, au moins de leurs accidents. J'ai revu en effet trois de ces malades qui avaient été débarrassés et des hémorrhagies et des inconvénients d'un prolapsus lentement réductible, mais qui sentaient encore quelques hémorrhoïdes sortir au moment de la défécation; seulement il n'en résultait pas de souffrance, et les tumeurs rentraient d'elles-mêmes avec facilité. Ceci se comprend : je n'avais excisé que les hémorrhoïdes les plus saillantes, ou celles qui étaient excoriées et saignantes. A côté de celles-là, sans doute quelques autres points variqueux existaient encore, qui, malgré la rigidité laissée dans leur voisinage par la cicatrisation, ont pu s'échapper encore de l'anus; mais qu'importe? Ces hémorrhoïdes n'étaient plus assez grosses pour se laisser étrangler, même momentanément, par le sphincter; dès lors elles étaient tout à fait indifférentes.

Mais il ne suffit pas qu'une opération soit fréquemment séduisante dans ses résultats, il faut, si cela est possible, qu'elle soit toujours innocente. S'il y a un mode de traitement qui supprime les inconvénients des hémorrhoïdes sans exposer la vie, c'est celui-là que nous devons préférer; nous allons voir bientôt que la cautérisation avec l'acide azotique répond assez bien à cette double indication.

B. *Ligature avec un fil.* Je rejette absolument la ligature, malgré la préférence que Curling et Holmes lui accordent pour les cas où la cautérisation avec l'acide azotique est reconnue insuffisante. Personne ne doit songer aujourd'hui à cette méthode. En effet, aux dangers de l'infection purulente, la ligature ajouterait les inconvénients d'une douleur très-vive pendant vingt-quatre ou trente-six heures. L'écraseur linéaireur agit à la manière des ligatures; on l'a même nommé *ligature extemporanée*; mais il agit plus vite et la douleur qu'il occasionne est supprimée par l'emploi des anesthésiques. Si donc on croyait devoir s'adresser à la constriction, l'écraseur serait de beaucoup préférable aux anciennes ligatures avec fil , quoiqu'il mette un peu moins sûrement à l'abri de l'hémorrhagie.

C. *Cautérisation*. Nous avons ici, comme partout ailleurs, une distinction à établir entre la cautérisation actuelle ou avec le fer rouge et la cautérisation potentielle, soit avec le caustique de Vienne, soit avec les caustiques liquides, au premier rang desquels je place l'acide azotique.

c'. *Cautérisation avec le fer rouge*. Cette méthode est une des plus anciennement usitées; car Hippocrate, sans lui avoir donné peut-être une préférence exclusive, en a parlé de manière à laisser croire qu'on l'employait de son temps assez fréquemment. Les auteurs venus après lui, ceux du moyen âge en particulier, l'ont indiquée aussi, mais en paraissant la mettre sur la même ligne que l'excision avec le scalpel.

Elle tomba ensuite dans l'oubli, et malgré les efforts de Marc-Aurèle Severin au xvie siècle, et ceux de Scultet au xviie, elle continua à n'être mise que rarement en usage. Il est vrai que les travaux de Stahl et de Trnka, en vulgarisant de plus en plus l'opinion du danger de la suppression des hémorrhoïdes, avaient considérablement restreint les tentatives opératoires.

Il faut arriver à Dupuytren (1) pour voir la cautérisation des hémorrhoïdes internes remise en
honneur. Seulement ce grand chirurgien ne l'employait que comme adjuvant de l'excision, et en
vue de prévenir l'hémorrhagie toujours menaçante
après cette dernière. Il excisait, puis cautérisait
avec le fer rouge.

Bégin (2) est, parmi les modernes, le premier
qui ait conseillé la cautérisation d'emblée, c'est-à-
dire sans excision préalable, pour les hémorrhoïdes internes dangereuses. Il en a cité, en 1841,
deux observations dans chacune desquelles un
beau succès a été obtenu. Un peu plus tard, en
1847, Philippe Boyer faisait connaître, dans le
Bulletin de thérapeutique (3), ses idées sur le même
sujet et ses premiers résultats heureux, et M. le
Dᵣ de Beauvais (4), son élève, rapportait vingt
nouvelles observations dans lesquelles ce chirurgien avait employé le mode de traitement dont
il s'agit : 19 fois il y avait eu succès; une fois le
malade était mort après avoir eu, consécutivement
à l'opération, quelques hémorrhagies, et surtout
plusieurs frissons avec fièvre et adynamie. L'autopsie n'a pas été faite, et Ph. Boyer a pu con-

(1) *Leçons orales*, t. IV.
(2) *Annales de la Chirurgie franç. et étrang.*, 1841, t. III, p. 180.
Mémoires sur quelques maladies de l'anus et du rectum.
(3) *Bulletin de thérapeutique*, 1847.
(4) Thèses de Paris, 12 juin 1852.

server quelques doutes sur la réalité de l'infection purulente. Quant à moi, en lisant les détails de l'observation (1), surtout en tenant compte des quatre frissons qui y sont signalés, de la teinte jaunâtre du visage, de l'altération des traits, de la prostration, du météorisme, je ne puis douter que c'est bien par l'infection purulente que ce malade a succombé.

Quoi qu'il en soit, l'élan avait été donné par Ph. Boyer. De 1846 à 1858, presque tous les chirurgiens de Paris, et notamment MM. Velpeau, Nélaton, Denonvilliers, Richet et moi-même, nous avons pratiqué la cautérisation des hémorrhoïdes internes avec le fer rouge, et les succès ont été assez nombreux pour qu'un moment nous ayons pu croire que la thérapeutique était fixée pour toujours. L'écrasement linéaire en a décidé autrement. Depuis 1857, époque où M. Chassaignac a publié son premier mémoire, cette opération a été préférée par le plus grand nombre des chirurgiens français, si bien qu'aujourd'hui la cautérisation au fer rouge est encore une fois retombée dans l'oubli dont Bégin et Ph. Boyer l'avaient fait sortir. Cependant elle ne doit pas être tout à fait abandonnée. Je la crois utile encore pour certains cas que je spécifierai à la page 177 ; c'est pourquoi je dois

_____

(1) Thèse de M. de Beauvais, p. 84 et 85.

donner la description de son manuel opératoire.

Manuel opératoire. — 1° Je supposerai d'abord qu'il s'agit d'une *seule hémorrhoïde interne*. On choisit un cautère olivaire dont les dimensions soient en rapport avec le volume de cette hémorrhoïde; on le fait chauffer à blanc, et on procède à l'opération immédiatement après l'expulsion d'un lavement prescrit tout exprès.

Le malade étant couché sur le côté, comme pour l'opération de la fistule à l'anus, on s'occupe d'abord de maintenir l'hémorrhoïde au dehors, afin de l'empêcher de rentrer au moment de la cautérisation. Pour cela, on peut, comme le faisait Ph. Boyer, passer avec une aiguille une anse de fil au-dessous de la base de la tumeur devenue bien procidente, et faire tenir ce fil par un aide.

J'ai préféré, à l'époque où je pratiquais cette opération, éviter les inconvénients de la double ponction, qui, en ouvrant les veines, les expose peut-être, dans une certaine mesure, à la phlébite suppurée. Pour cela, j'ai tout simplement saisi l'hémorrhoïde à sa base avec une pince à pansement, et mieux, lorsque j'en avais une à ma disposition, avec une pince à polypes. Je confiais l'instrument à un aide; je protégeais de mon mieux contre la cautérisation par rayonnement toutes les parties voisines, en les couvrant de compresses

mouillées d'eau froide et d'un ou deux couteaux
à papier en bois. J'appliquais alors et j'éteignais
sur l'hémorrhoïde, fixée par la pince, un premier,
et au besoin un second cautère rougi à blanc.

Je m'arrêtais lorsque toute la surface hémorrhoïdale était convertie en une eschare noirâtre;
l'aide ôtait alors la pince, et le pansement consis-
tait dans l'application de linges mouillés d'eau
froide.

2° Si, au lieu d'une hémorrhoïde interne solitaire, on avait affaire à des hémorrhoïdes multiples ou en bourrelet, voici comment l'opération
serait pratiquée :

Le malade ayant été bien purgé la veille ou
l'avant-veille afin de vider l'intestin , et d'a-
voir, après l'opération, plusieurs journées sans
garde-robes , on lui fait encore prendre, au moment où tout est disposé pour la cautérisation , le
lavement destiné à provoquer la sortie des hémorrhoïdes.

Le premier temps consiste, pour la plupart des
chirurgiens, à assurer la présence des tumeurs à
l'extérieur. Dans ce but, Bégin plaçait un tampon
de charpie, assujetti par un long fil, dans le rectum, et, attirant ce tampon en bas sans le faire
sortir complétement, il amenait le paquet hémorrhoïdal au dehors et le maintenait tout le
temps nécessaire. Je dois faire remarquer ici que

Bégin n'avait pas besoin dès lors de prescrire le lavement préalable dont je parlais tout à l'heure.

Ph. Boyer s'est servi de deux anses de fil passées, l'une à droite, l'autre à gauche, de la peau vers la muqueuse rectale, en les faisant arriver au-dessus de la partie la plus élevée de la tumeur.

On pourrait aussi employer l'érigne à crochets multiples imaginée par M. Chassaignac, ou tout simplement deux pinces de Museux que l'on confierait à des aides.

Pour moi, dans les quelques cas où j'ai eu recours à cette méthode, je n'ai pris aucune précaution pour maintenir le bourrelet à l'extérieur. Il me paraissait assez fixé par la tonicité du sphincter pour ne pas rentrer prématurément. J'engage ceux qui se décideraient à pratiquer l'opération à agir de même, et à ne se décider à l'emploi des anses de fil ou du tampon que s'ils avaient constaté un relâchement assez grand du sphincter anal pour qu'une légère pression pût faire rentrer les hémorrhoïdes. Ce cas se présentera rarement; car, lorsque le sphincter est si lâche, les hémorrhoïdes internes ne sont habituellement ni assez saignantes ni assez douloureuses pour nécessiter l'intervention de l'art.

Les hémorrhoïdes étant donc bien sorties, le malade étant couché sur le côté et endormi avec lé chloroforme ou l'éther, le chirurgien fait écarter les fesses aussi largement que possible par un ou deux aides, et place tout autour du bourrelet hémorrhoïdal des linges mouillés. Il arme sa main gauche d'un couteau à papier en bois, destiné à protéger encore les parties circonvoisines, et il applique sur toute la surface muqueuse procidente et hémorrhoïdaire un gros cautère olivaire chauffé à blanc ; il conduit la pointe de ce cautère dans l'ouverture anale, jusqu'à la limite présumée des hémorrhoïdes, et laisse l'instrument en place jusqu'à ce qu'il soit éteint.

Une forte odeur de corne, la fumée qui se dégage, le raccornissement et la coloration en brun des hémorrhoïdes indiquent que la cautérisation se fait bien. Quelquefois il s'écoule en ce moment un peu de sang qui vient baigner la tumeur et éteint le cautère avant qu'il ait produit tout son effet. Si l'on s'aperçoit que, pour ce dernier motif ou pour tout autre, les hémorrhoïdes n'ont pas été suffisamment brûlées, on éteint sur elles un second cautère semblable, et si l'on aperçoit à la périphérie quelque tumeur qui n'a pas encore été atteinte par l'instrument, on la détruit avec une olive plus petite, portée spécialement sur elle.

En général, il faut éteindre au moins deux cautères ; souvent trois ou quatre sont nécessaires. Il va sans dire que l'anesthésie est entretenue pendant tout le temps que dure l'opération.

Celle-ci doit être considérée comme terminée, lorsque toute la surface muqueuse soulevée par les varices est devenue sèche et noirâtre. Il n'y a toujours d'autre pansement que les compresses mouillées d'eau froide. On pourrait essayer de réduire de suite le prolapsus; car, si l'on réussissait, on diminuerait sans doute les souffrances consécutives. Malheureusement, dans la plupart des cas, cette réduction ne peut être obtenue, parce que, restées assez longtemps dehors, les hémorrhoïdes sont encore trop gonflées après la cautérisation pour repasser de suite par l'ouverture anale.

C'est chose difficile, et pourtant ce serait chose importante que de savoir à quelle profondeur agit la cautérisation. Nous voyons bien, au contact du fer rouge, la muqueuse se raccornir, noircir et se convertir en eschare. Mais jusqu'où va cette action? S'étend-elle jusqu'aux veines hémorrhoïdaires? Celles-ci sont-elles détruites par le fer et confondues dans l'eschare? Si cet effet n'a pas lieu pour toutes les veines dilatées, ne se produit-duit-il pas au moins pour un certain nombre, les plus superficielles par exemple? Et au-delà du point où les veines sont cautérisées et mortifiées, les portions restantes continuent-elles à être perméables, ou le sang s'y coagule-t-il? Personne ne saurait répondre à ces questions par des faits, parce que personne n'a eu l'occasion de pratiquer une dissection peu de jours ou peu d'heures après la cautérisation, et parce que, d'autre part, on ne peut même pas s'aider, pour la solution du problème, d'investigations faites sur le vivant, les douleurs et la rentrée ultérieure des hémorrhoïdes ne permettant pas à l'observateur de suivre les résultats, et la nature de la région d'ailleurs ne permettant pas les examens réitérés qui seraient nécessaires.

Suites et résultats de l'opération. La cautérisation au fer rouge est habituellement suivie d'un accès violent d'inflammation avec étranglement, qui débute pendant les premières vingt-quatre heures et se caractérise par des douleurs vives, augmentant à la moindre pression, avec contractions douloureuses et momentanées du sphincter anal, ténesme, faux besoin d'aller à la garde-robe, dysurie, rétention d'urine, en un mot, tous ces symptômes fonctionnels dont j'ai tracé le tableau à la page 112. En même temps, les tumeurs se tuméfient au-dessous des eschares, les hémorrhoïdes externes se gonflent également, mais sans se gangréner, puisque dans l'opération on doit avoir eu soin de ne pas les toucher.

Ces phénomènes se prolongent trois ou quatre

jours jusqu'à ce que, la résolution se faisant dans
les parties non mortifiées, et les eschares s'élimi-
nant sur les autres, les tumeurs diminuent de volume et commencent à rentrer.

Cette période douloureuse est bien frappante
lorsqu'on l'observe à côté des suites de l'écrasement linéaire. Il m'est arrivé, en 1858, à l'hôpital
Cochin, d'opérer le même jour un malade par
l'écrasement linéaire partiel et un autre par le fer
rouge, pour des hémorrhoïdes internes multiples.
Le premier buvait, mangeait, riait et n'accusait
plus aucune souffrance le lendemain matin. Le
second, au contraire a passé près de trois jours dans
d'abominables souffrances, sans boire ni manger
ni dormir. M. Lemariey cite dans sa thèse (1)
deux autres cas analogues, dont l'observation l'a
vivement impressionné, et qu'il avait observés
dans le même service confié, pendant mon absence, à mon collègue M. Dolbeau, qui, le même
jour, avait également fait sur un malade l'écrasement linéaire, et sur un autre la cautérisation
au fer rouge.

Quoi qu'il en soit, le résultat habituel de cette opération, après la période douloureuse dont j'ai parlé,
est la guérison, en ce sens que les hémorrhoïdes
cessent de saigner, et même de sortir après les

____

(1) Thèses de Paris, 1860, n° 31.

garde-robes, et que les congestions douloureuses, tant avant qu'après la défécation, n'ont plus lieu. En l'absence de documents précis, il m'est permis de croire que ces résultats s'expliquent : 1° par la formation sur la membrane muqueuse de cicatrices qui, à cause de leur rigidité et de leur inextensibilité, s'opposent au prolapsus, 2° par la diminution du nombre des varices, dont quelques-unes ont dû être détruites par le fer, et dont les autres restent oblitérées par des caillots.

Ce n'est pas à dire pour cela que la guérison soit pleinement radicale dans tous les cas. J'ai vu des opérés qui continuaient d'avoir, au moment de la défécation , un peu de prolapsus ; mais celui-ci était spontanément réductible et indolent. D'autres perdaient encore du sang, mais en trop petite quantité pour que l'anémie pût en résulter. Ils restaient dans les conditions désirées par Hippocrate , c'est-à-dire avec quelques hémorrhoïdes internes donnant satisfaction à l'opinion de ceux qui croiraient encore aux dangers de la suppression totale, en un mot, avec ces hémorrhoïdes que je considère comme indifférentes. Chez quelques sujets, ces hémorrhoïdes restées ont repris peu à peu du volume, sont redevenues procidentes, douloureuses ou saignantes, au point de nécessiter plus tard une nouvelle opération. La dame dont j'ai parlé plus haut, page 140, qui a succombé

après un écrasement linéaire partiel, avait été
opérée, huit ans auparavant, avec le fer rouge,
par un autre chirurgien, et n'était restée débarrassée que pendant cinq ans des inconvénients de
sa maladie. M. Nélaton a vu de même une de ses malades revenir avec une récidive quatre ans et demi
après la cautérisation qu'il lui avait pratiquée (1).

Il va sans dire que les hémorrhoïdes externes,
que l'opérateur a dû respecter, ne sont pas guéries, mais elles n'ont aucun inconvénient, parce
qu'une fois débarrassées du voisinage des hémorrhoïdes internes, elles ne s'enflamment pas, ou ne
le font qu'accidentellement et d'une manière passagère. C'est même l'observation de ce que je
voyais se passer à la suite du traitement par le fer
rouge qui m'a décidé à adopter et à poser comme
une règle, dans le traitement des hémorrhoïdes internes, de ne pas toucher aux hémorrhoïdes externes concomitantes.

En somme, la cautérisation au fer rouge a donné
de très-bons résultats, et elle devrait rester dans
la pratique comme méthode générale, si elle n'a-
vait pas aussi quelques inconvénients et n'expo-
sait pas à certains dangers dont il me reste à dire
quelques mots.

Je ne parlerai pas longtemps d'un premier in-

____

(1) *Gazette des hôpitaux*, 1860, p. 89.

convénient, la frayeur que cause l'opération, et la nécessité où l'on est de recourir forcément à l'anesthésie. Je ne reviendrai pas non plus sur celui de la période inflammatoire consécutive, au tableau de laquelle je pourrais ajouter les démangeaisons et les cuissons occasionnées, chez certains malades, par la brûlure de la peau, lorsque, la protection avec les linges mouillés n'ayant pas été suffisante, cette peau a été brûlée au premier degré par rayonnement. Ce que je cherche en ce moment, ce sont surtout les accidents consécutifs.

Ici je trouve encore le rétrécissement du rectum et l'infection purulente. Ces deux conséquences ont peut-être été moins fréquentes qu'après l'écrasement linéaire, surtout après l'écrasement linéaire total; mais l'une et l'autre ont néanmoins été observées. Ph. Boyer (1) a signalé lui-même le rétrécissement consécutif du rectum, qu'il paraît avoir observé sur un de ses malades.

M. Chassaignac en a rapporté de son côté quelques exemples dans ses deux mémoires, et s'est même servi de ces faits pour combattre la cautérisation, ne prévoyant pas sans doute que des accidents du même genre serviraient d'arguments contre l'écrasement linéaire.

_____

(1) *Traité des maladies chirurg.* de Boyer. Addition, par Ph. Boyer, t. VI, p. 658.

Quant à la mort par infection purulente, je ne puis en citer que trois exemples : l'un, que j'ai déjà rapporté, est emprunté à la thèse de M. de Beauvais; l'autre est consigné dans un mémoire de M. Demarquay (1), qui, à la suite d'une cautérisation pratiquée par lui-même, a vu survenir, le treizième jour, une infection purulente bientôt terminée par la mort. Le troisième est rapporté en peu de mots par M. Nélaton (2).

Je n'ai pas observé dans ma propre pratique, sur les douze malades que j'ai traités par le fer rouge, d'accident semblable. Je n'en ai pas trouvé d'autres dans les auteurs, et je n'en ai pas entendu citer par nos collègues des hôpitaux; c'est pourquoi je suis disposé à croire que cette grave complication a dû se présenter moins souvent à la suite de l'opération dont je m'occupe qu'à la suite de l'écrasement linéaire. On comprend cependant qu'une certaine obscurité doit rester sur ce point, parce que, de part et d'autre, tous les faits n'ont pas été publiés, et je sens que mon opinion m'est inspirée surtout par les résultats de ma propre expérience.

J'en dirai autant des phlegmons et abcès consécutifs de la marge de l'anus, ainsi que des fistules.

(1) Mémoire sur le traitement des hémorrhoïdes par le fer rouge et l'écrasement linéaire. (*Gaz. med.* de Paris, 1860).
(2) *Gaz. des hôpitaux*, 1860, p. 90.

On a signalé cet accident consécutif, léger en somme, comme possible après le fer rouge, mais on n'en a pas publié assez d'exemples pour que je doive m'appesantir sur le degré de fréquence, et je suis d'autant moins autorisé à le faire que je n'en ai pas rencontré non plus dans ma pratique.

J'ai supposé jusqu'à présent la cautérisation faite avec une certaine énergie et au moyen de plusieurs cautères, conformément aux préceptes de Ph. Boyer, et je n'ai pas dissimulé que le chirurgien manquait de règles pour savoir où il devait s'arrêter et pour connaître les résultats immédiats qu'il produisait. Le moment est venu de dire qu'à côté de cette cautérisation, qu'il m'est cependant permis de nommer profonde, M. Demarquay (1) en a signalé une autre qui est superficielle, et par laquelle il se propose de détruire seulement la membrane muqueuse, espérant oblitérer les veines variqueuses, par la propagation ultérieure de la phlegmasie vers elles. Son but principal en agissant ainsi était de se mettre à l'abri du rétrécissement rectal, et il espérait également éviter l'inflammation suppurative des veines et l'infection purulente.

Cette dernière espérance a été trompée par le fait malheureux que j'ai indiqué tout à l'heure, car c'était précisément une cautérisation superficielle

____

(1) Loc. cit., *Gaz. méd.*, 1860.

qui avait été faite au sujet mort d'infection purulente.

Quoi qu'il en soit, il y a dans ce travail de M. Demarquay une idée à laquelle on n'a pas prêté une suffisante attention, et que j'enseigne moi-même depuis longtemps, c'est que, pour guérir les accidents hémorrhoïdaires, il n'est pas nécessaire d'enlever ou de détruire profondément les hémorrhoïdes internes. Nous allons voir bientôt cette idée réalisée aussi bien que possible par la cautérisation avec l'acide azotique.

c''. *Cautérisation avec les caustiques.* Bien des chirurgiens ont essayé le traitement des hémorrhoïdes par les caustiques, mais cette opération n'a, pendant longtemps, eu qu'un petit nombre de partisans. Elle n'a été introduite sérieusement dans la pratique que depuis les succès obtenus par Amussat avec le caustique de Vienne solidifié, et par divers chirurgiens anglais avec l'acide azotique. Nous avons en effet à indiquer ici deux procédés de cautérisation : l'un avec le caustique Filhos, l'autre avec l'acide azotique.

Cautérisation avec le caustique Filhos ou procédé d'Amussat. Dans un mémoire spécial, publié en 1846, Amussat a fait connaître un nouveau mode de traitement, consistant à cautériser les hémorrhoïdes internes avec la poudre de Vienne (*mélange de chaux et de potasse caustique*), rendue solide au moyen des indications de Filhos. Malheureusement l'opération était compliquée d'un appareil instrumental incommode. Il y avait d'abord des pinces préservatrices, avec lesquelles on saisissait, sur divers points, les hémorrhoïdes externes pour les protéger. Il y avait ensuite des couteaux à papier pour protéger les parties environnantes contre l'écoulement possible du caustique. Le principal instrument était enfin une pince porte-caustique, sorte de pince à dissection terminée par deux mors un peu larges, formant un T avec les branches de l'instrument, et creusées chacune d'une cuvette oblongue. Le caustique Filhos était déposé à l'avance dans les cuvettes.

Le malade ayant été préparé par un ou deux lavements, comme dans les opérations précédentes, et étant convenablement placé, le chirurgien étreignait d'abord les hémorrhoïdes externes avec les pinces destinées à les protéger, puis il saisissait avec les branches transversales cannelées de son porte-caustique une ou deux des hémorrhoïdes internes, et, au moyen d'une vis de pression, il les rapprochait peu à peu, de manière à appliquer aussi étroitement que possible le caustique contre le pédicule artificiellement établi par la constriction. L'instrument était reporté ensuite sur les autres hémorrhoïdes, s'il y en avait plusieurs. Pendant toute la durée de l'opération, Amussat faisait faire avec une seringue ou un irrigateur des injections d'eau froide pour diminuer la douleur et empêcher l'action du caustique , qui aurait pu s'échapper des cuvettes et s'écouler sur la peau. Il s'agissait ici non pas, comme on le voit, d'une cautérisation sur toute la surface des hémorrhoïdes, mais d'une destruction de leur pédicule, destruction qui, selon l'auteur, devait être suivie de la chute de chacune des tumeurs. Je ne sais pas si les choses se passaient exactement de cette façon, car je n'ai jamais eu l'occasion d'employer ce mode de traitement. Je lui ai toujours préféré le fer rouge ou l'acide azotique, et je ne dissimule pas que la complication instrumentale est le principal motif de ma répulsion. Il faut, du reste, que la plupart des chirurgiens aient été impressionnés de la même manière, car bien peu ont eu recours au procédé d'Amussat. En supposant, ce que je ne refuse pas d'admettre, qu'il fût aussi efficace et aussi innocent que le procédé dont il me reste à parler, il lui serait toujours inférieur, parce qu'il est beaucoup moins simple dans son exécution.

Le mémoire d'Amussat offre d'ailleurs ceci d'important, qu'il y est question de l'inutilité de détruire les hémorrhoïdes externes, et que l'auteur formule nettement le précepte de ne cautériser que les hémorrhoïdes internes.

Cautérisation avec l'acide azotique. Faire sortir les hémorrhoïdes au moyen d'un lavement, passer sur leur surface un pinceau imbibé d'acide azotique concentré ou monohydraté, de manière à faire une eschare blanche peu profonde, comprenant à peine l'épaisseur de la muqueuse, comme dans une cautérisation superficielle au fer rouge, telle est, en résumé, cette opération, la plus simple et la moins effrayante de toutes celles qui ont été conseillées jusqu'à présent pour les hémorrhoïdes internes.

Le Dr Houston (de Dublin) est, à ma connaissance, le premier qui ait, sinon employé, au moins vulgarisé par ses paroles et ses écrits le traitement par l'acide azotique; son travail a été publié en 1843 (1). Depuis cette époque, la cautérisation dont il s'agit a été mise en usage par un bon nombre de chirurgiens anglais, parmi lesquels Fergusson (2), Henry Lee (3), Dowel (4), et enfin par M. Curling (5). S'il faut en croire ce

(1) Dublin, *Journal of medical science*, vol. XXIII.
(2) *Pratical surgery.*
(3) *Surgical and pathological essays*
(4) *Gaz. méd.* de Paris, 10 mars 1855.
(5) *Diseases of the rectum*, p. 50.

dernier auteur, et avec lui M. Holmes (1), le traitement par l'acide azotique est le plus généralement employé en Angleterre; il l'est surtout pour les cas dans lesquels le bourrelet hémorrhoïdal n'est pas très-considérable.

Je suis étonné. qu'en France si peu de personnes aient eu recours jusqu'à présent à ce genre de cautérisation. Je l'ai, pour ma part, employé sur 24 malades depuis quatre ans, et j'ai été tellement frappé de sa simplicité et de sa sécurité que je crois utile d'en préconiser l'usage. Peut-être nos compatriotes eussent-ils été mieux fixés sur ce point si, dans les journaux anglais, on n'avait pas si souvent parlé de la cautérisation pour le prolapsus du rectum. C'est qu'on a trop souvent désigné sous ce dernier nom un certain nombre de cas dans lesquels il y avait hémorrhoïdes internes procidentes et non pas seulement prolapsus sans varices. Cette confusion a été regrettable, car pour la procidence, sans hémorrhoïdes, l'acide nitrique n'a pas grand avantage, tandis qu'il est très-utile dans la procidence hémorrhoïdaire.

Le mode d'exécution est des plus simples. Nous supposerons cependant encore deux cas : celui d'une hémorrhoïde interne solitaire et celui d'hémorrhoïdes internes multiples.

____

(1) *System of surgery*, t. IV, p. 192.

Dans l'un et l'autre cas, le malade a rendu un lavement immédiatement avant l'intervention du chirurgien, et il prend sur le côté la position dont j'ai parlé plusieurs fois. On a préparé à l'avance l'appareil instrumental, qui est très-simple et se compose : 1° d'un petit pinceau en charpie, et mieux en amiante (substance sur laquelle les acides ne s'altèrent pas), que l'on fixe avec un fil sur un petit bâton, et mieux sur un fil de fer ; 2° d'un flacon renfermant de l'acide azotique. Je me suis servi jusqu'à présent de l'acide monohydraté. A son défaut, on pourrait prendre l'acide ordinaire, mais aussi concentré que possible. On pourrait également se servir soit de nitrate acide de mercure, soit d'acide chromique. Je n'ai pas eu l'occasion de recourir à ces derniers agents, parce que j'ai toujours pu, à Paris, me procurer de l'acide monohydraté, et parce qu'étant satisfait de ses résultats, je n'ai pas eu de motifs pour changer. 1° Le petit pinceau est trempé dans le flacon, que l'on rebouche immédiatement pour éviter l'évaporation, dans la chambre, de ce liquide fumant et irritant. On amène le pinceau sur l'hémorrhoïde, qu'on met à découvert le mieux possible en écartant l'ouverture anale avec les doigts. Il n'est pas nécessaire de laisser longtemps le caustique en place. Après deux ou trois secondes, on voit la muqueuse blanchir, et l'effet est produit. Il faut

d'ailleurs avoir la précaution de ne pas trop
charger le pinceau pour que le caustique ne s'é-
coule pas sur la peau et n'y produise pas d'eschare.
On doit d'ailleurs y veiller, et, si l'on voit le caustique s'écouler au delà de la tumeur, l'enlever de
suite avec un linge.

Lorsque la muqueuse est sans excoriation, il
faut quelques secondes de plus que dans les cas où
il y a une excoriation, et où par conséquent
l'absence d'épithélium rend plus prompte l'action
destructive du caustique sur la membrane muqueuse. On n'a plus ensuite qu'à essuyer avec
une éponge ou un linge mouillé la surface cautérisée pour éviter le contact du caustique sur les
parties voisines. On réduit enfin si on peut le
faire sans difficulté.

Cette cautérisation fait naître une douleur qui
est rarement immédiate, mais se produit quelques
secondes, ou bien une ou deux minutes après
l'ablation du pinceau. Elle va en augmentant
pendant dix à quinze minutes, puis elle reste stationnaire, et disparaît bientôt, si surtout la tumeur
a pu être replacée dans le rectum. Le malade n'est
pas obligé de garder le lit, et peut, au bout de
deux ou trois heures, reprendre ses occupations.

2° Lorsque les hémorrhoïdes internes sont multiples, et surtout lorsqu'elles forment, après leur
prolapsus, un bourrelet circulaire circonscrit par

le bourrelet, toujours tuméfié en pareil cas, des hémorrhoïdes externes, il est bien entendu que celles-ci, au moins sur leur surface cutanée, n'ont pas besoin d'être touchées. Le caustique ne doit être porté sur elles que dans les cas où, étant tout à la fois cutanées et muqueuses, elles ont sur leur surface interne une excoriation saignante ou douloureuse analogue à celle que présentent plus habituellement et plus exclusivement les hémorrhoïdes internes concomitantes. La cautérisation, en pareil cas, serait faite, il est vrai, sur des hémorrhoïdes externes, mais sur celle de leurs faces, qui, par son revêtement muqueux, ressemble aux hémorrhoïdes internes.

Les mêmes préparatifs et les mêmes objets que tout à l'heure sont nécessaires. Les hémorrhoïdes étant bien sorties, le chirurgien a d'abord à se demander s'il les cautérisera toutes, et, dans le cas où il se déciderait à n'en cautériser qu'une partie, par lesquelles il devra commencer.

Je réponds à ces questions que le mieux, habituellement, est de ne pas tout cautériser dès la première séance, mais de s'adresser seulement aux deux ou trois bosselures les plus excoriées.

Il ne faut pas perdre de vue, en effet, que l'un des résultats les plus désirables est la cessation de l'écoulement sanguin. En conséquence il faut chercher à guérir d'abord les parties les plus saignantes. Les hémorrhoïdes excoriées sont celles qui offrent cette condition. Il ne faut pas, d'autre part, oublier que cette cautérisation est d'autant plus douloureuse qu'on la pratique sur une plus grande étendue. C'est pourquoi, afin de ne pas décourager le malade par les souffrances, et par l'obligation où elles pourraient le mettre de garder le repos et de renoncer à ses affaires, il est mieux de ne cautériser d'abord que deux hémorrhoïdes au plus. Ce traitement par l'acide azotique, il faut bien qu'on le sache, diffère essentiellement des autres en ce que, pour les bourrelets hémorrhoïdaux, on ne peut le terminer en une seule séance. C'est un inconvénient, sans doute, mais il est largement compensé par la sécurité et par cette circonstance que, si les cautérisations sont faites avec ménagement, le patient n'est dérangé que pendant quelques heures, et n'est obligé, à moins de conditions exceptionnelles, de garder ni le lit ni la chambre.

Le chirurgien, ayant donc choisi celles des tumeurs sur lesquelles doit être porté le caustique, procède à l'opération comme je l'ai dit plus haut, sans qu'il soit nécessaire de proposer l'anesthésie. La cautérisation provoque bien une douleur, mais j'ai déjà dit que celle-ci était consécutive, et, d'autre part, elle se prolonge trop longtemps pour que

l'on puisse, pendant toute sa durée, continuer facilement le sommeil anesthésique.

Après la cautérisation, le chirurgien doit s'ef-
forcer de remettre les hémorrhoïdes en place.
Lorsqu'il y parvient, les souffrances consécutives
en sont allégées, parce qu'à l'inflammation résultant de l'effet caustique ne s'ajoute pas celle qui
est le résultat de la constriction exercée par le
sphincter.

La douleur consécutive est de quelques heures,
plus ou moins suivant les sujets, et suivant l'étendue cautérisée. La plupart de mes opérés ont pu,
au bout de trois ou quatre heures, se lever et sortir; quelques-uns ont souffert dix ou douze heures.
Dans ce nombre se trouve particulièrement une
jeune femme très-profondément anémique, dont
j'ai déjà parlé page 110, et chez laquelle l'anémie
avait amené une aptitude très-prononcée à la né-
vralgie. J'ai été obligé de la cautériser six fois
dans l'espace de deux mois, et plusieurs des cautérisations ont été suivies de dix heures environ
de souffrance. J'avais soin cependant de ne toucher
qu'une ou deux tumeurs à la fois.

La souffrance des premières heures une fois
passée, les malades n'éprouvent plus rien de
particulier. Quelquefois la première garde-robe
est elle-même douloureuse, mais assez modérément.

Lorsque les hémorrhoïdes étaient saignantes, elles fournissent encore du sang une ou deux fois, c'est-à-dire jusqu'à ce que la cicatrice consécutive à la chute de l'eschare ait assez de résistance pour s'opposer à la sortie du liquide.

Il faut laisser passer huit jours au moins avant de procéder à une nouvelle cautérisation ; il n'y a même aucun inconvénient à attendre plus long-temps et à laisser le malade choisir son jour et son heure. On lui fait prendre alors un nouveau lavement ; on examine, une fois que la procidence est reproduite, l'état des parties cautérisées ; on voit si la cicatrice est achevée ou non, si quelque point reste encore bleu et turgescent ou excorié au niveau de la première opération. Ne voit-on rien de semblable, la cicatrice est-elle faite ou sur le point de se faire, on n'a plus à cautériser ces mêmes points, et l'on porte le caustique sur d'autres tumeurs hé-morrhoïdales de la façon déjà indiquée.

Après les deux premières cautérisations, on fera bien d'attendre une quinzaine de jours avant de revenir à une troisième. Il faut laisser aux cica-trices le temps de se compléter. En revenant trop tôt à l'opération, on se laisserait facilement aller à appliquer l'acide sur des points qui n'en auraient réellement pas besoin.

Si au bout de quinze jours on apprend que du sang est encore rendu et que le prolapsus est encore considérable et douloureux, on procède à un nouvel examen, toujours après l'expulsion d'une garde-robe ou d'un lavement. On constate presque toujours une notable diminution de volume ; mais si l'on trouve quelque reste boursouflé, bleuâtre ou excorié, on procède à une troisième cautérisation.

Il m'est arrivé plusieurs fois, lorsque je trouvais des surfaces granuleuses indiquant des cicatrices non encore achevées, de les toucher deux ou trois fois avec le crayon d'azotate d'argent avant de revenir à l'emploi de l'acide azotique.

Quatre, cinq ou six cautérisations échelonnées ainsi à des intervalles de quinze jours, sont souvent nécessaires pour les bourrelets hémorrhoïdaires un peu volumineux. Sur un malade, M. F..., de Grenelle, il m'a fallu, dans l'espace de quatre mois, pratiquer onze fois la cautérisation avec l'acide. Le malade a fini par être débarrassé du saignement abondant et de la douleur auxquels il était sujet depuis longtemps, et n'a plus conservé qu'une procidence très-légère, indolente, et se réduisant d'elle-même après les garde-robes. Cet état de choses s'est maintenu depuis trois ans que les opérations ont été faites.

Je n'ai vu jusqu'à présent survenir aucun accident sérieux à la suite de cette cautérisation. Une de mes malades, cautérisée en ville, a eu dès le lendemain un frisson suivi de fièvre. Les ganglions inguinaux, du côté gauche, se sont tuméfiés et sont devenus douloureux. C'était une lympho-adénite dont les suites ont été des plus simples. Un autre a eu un phlegmon, suivi d'une fistule borgne externe qui a dû plus tard être opérée. Les chirurgiens anglais assurent également n'avoir observé rien de grave après cette cautérisation. Non-seulement il n'y a pas eu d'infection purulente, ni de rétrécissement du rectum, mais on n'a pas vu arriver à l'état d'hémorrhagie l'écoulement sanguin qui a lieu habituellement lors de la première ou de la seconde garde-robe qui suit l'opération.

J'ai été quatre fois témoin d'une suite contre laquelle on doit se tenir en garde ; savoir : une gerçure, sorte de fissure très-douloureuse au moment de la défécation. Cette gerçure, du genre de celles que j'ai appelées ailleurs intolérantes (1), n'était autre chose que la persistance trop longue d'une partie de la solution de continuité laissée par l'eschare.

Il ne faut pas hésiter en pareil cas à proposer la dilatation forcée suivant le procédé de Récamier. A l'aide de ce moyen, j'ai parfaitement réussi sur mes quatre malades, et j'ai pu voir la cicatrisation

(1) Article ANUS (fistules) du *Nouveau dictionnaire de méd. et de chirur. prat.* Paris, 1863.

et la guérison se compléter peu de temps après.

Sur deux autres de mes malades, la gerçure laissée par la cautérisation ne guérissait pas, mais restait indolente. J'ai eu recours, pour achever la cicatrisation, à l'emploi journalier des petites mèches enduites de pommade de ratanhia (axonge, 15 grammes; extrait de ratanhia, 2 gram.), telles que je les ai conseillées dans l'article du dictionnaire cité plus haut, pour les fissures tolérantes.

Quant aux résultats définitifs, voici quels ils ont été :

Dans 4 cas d'hémorrhoïdes solitaires, bourgeonnantes et saignantes, une seule cautérisation a suffi pour amener une guérison qui m'a paru solide et définitive. Non-seulement les hémorrhagies et les douleurs ne se sont pas reproduites, mais la tumeur a tout à fait disparu, ainsi que le prolapsus.

Dans 19 cas où il s'agissait d'hémorrhoïdes multiples, procidentes, douloureuses et saignantes à chaque défécation, mais avec un volume modéré, il y a eu, après quatre, cinq, six cautérisations, une fois après onze, cessation des accidents. Plusieurs malades, comme celui dont j'ai parlé page 171, ont conservé un peu de prolapsus facilement réductible, indolent et non saignant. A la rigueur, on pourrait dire que ceux-là ne sont pas radicalement guéris, puisqu'ils ont encore quelques hémorrhoïdes internes sortant au moment de la défécation. Mais je me suis déjà expliqué sur ce point. Des hémorrhoïdes procidentes, quand il n'y a plus ni douleur ni saignement, ne constituent pas une maladie. Je veux bien que les sujets soient exposés au retour des accidents, c'est-à-dire qu'un jour ou l'autre de nouvelles varices, formées au voisinage de celles qui restaient, viennent, en s'ajoutant à ces dernières, constituer encore des tumeurs saignantes et douloureuses, et réclamer une seconde fois le même traitement. Ce n'est pas là un grand inconvénient. N'ai-je pas dit d'ailleurs que les autres méthodes y exposent aussi? Il n'est jamais au pouvoir du chirurgien, quoi qu'il fasse, de supprimer toutes les varices rectales ni d'empêcher que de nouvelles se forment. Ces récidives, qui d'ailleurs ne se sont pas produites jusqu'ici sur ceux de mes opérés qui ont consenti à toutes les cautérisations nécessaires, ont peu d'inconvénient en présence d'un traitement aussi simple que celui dont je viens de parler.

Dans un dernier cas que j'ai observé l'année dernière à l'hôpital de la Pitié, il s'agissait d'un bourrelet hémorrhoïdal interne énorme, le plus gros que j'aie vu jusqu'à présent. Il saignait souvent et formait à chaque garde-robe un prolapsus douloureux, tantôt un peu plus, tantôt un peu moins difficile à réduire. J'ai fait, dans l'espace de deux mois et demi, cinq cautérisations avec l'acide azotique et autant avec le nitrate d'argent. Je n'ai obtenu qu'une très-faible diminution de la tumeur et des symptômes fonctionnels. J'aurais continué néanmoins, mais le malade a préféré quitter l'hôpital.

Il va sans dire que, les hémorrhoïdes internes une fois guéries ou améliorées, la santé n'est pas encore parfaite, si, avant le traitement chirurgical, elle avait été fortement ébranlée par les pertes sanguines. Il faut alors continuer pendant plusieurs mois l'usage des toniques et des fortifiants indiqués pour le traitement de l'anémie. L'une de mes malades, Mlle H..., m'a offert sous ce rapport un grand intérêt. Débarrassée par six cautérisations de la procidence et des saignements, elle est restée en proie pendant plusieurs mois à une faiblesse et à une diarrhée qui n'ont cessé que quatre mois après la dernière cautérisation. Aujourd'hui la guérison paraît complète.

Reste à savoir si par hasard l'infection purulente et le rétrécissement rectal, que je n'ai pas encore observés, n'auront pas lieu quelquefois. L'avenir en décidera; mais je crois que le plus sûr moyen d'éviter ces deux conséquences fâcheuses sera de cautériser toujours peu profondément et sur une petite surface à la fois. En agissant ainsi, on a toutes les chances possibles pour n'avoir ni

la suppuration dans les veines, qui servirait de point
de départ à l'infection purulente, ni la cicatrisation
annulaire, qui pourrait amener la coarctation.

Ici je sens cependant qu'une notion me manque, c'est celle des effets anatomiques produits
par la cautérisation avec l'acide. Ces effets
sont-ils, à part un peu moins d'intensité dans
l'action destructive, les mêmes que ceux du fer
rouge ou diffèrent-ils sous quelques rapports ? Je
n'aurais à cet égard que des hypothèses à émettre.
La seule chose que je puisse annoncer, c'est que
ce traitement est le plus simple et le moins dangereux de tous ceux qui ont été conseillés jusqu'à
ce jour, et surtout que je ne connais, ni dans ma
pratique, ni dans celle des chirurgiens anglais,
aucun cas de mort survenue après son emploi.

Résumé. — Je résumerai de la manière suivante le traitement des hémorrhoïdes internes
qui tourmentent les malades par les pertes de sang
et les douleurs au moment de la défécation.

S'il n'y a qu'une seule hémorrhoïde interne excoriée, elle guérira facilement par un seul attouche-
ment avec le pinceau trempé dans l'acide nitrique.

S'il y a deux ou trois hémorrhoïdes excoriées,
mais petites, elles seront encore guéries très-
facilement en une seule séance de cautérisation.

S'il y a des hémorrhoïdes multiples formant un

bourrelet modérément gros après la défécation, quatre à six séances, dans l'intervalle desquelles le malade reprendra ses occupations, s'il n'est pas trop anémié ni épuisé, seront nécessaires, et amèneront, selon toute probabilité, une guérison solide, en laissant peut-être un prolapsus indolent et de courte durée, ou, si l'on veut, des hémorrhoïdes indifférentes.

Quant aux bourrelets extrêmement volumineux, formés par cinq ou six bosselures plus grosses que des noisettes ordinaires, je ne saurais affirmer qu'on réussira toujours avec l'acide azotique. Peut-être chez certains sujets sera-t-on obligé de renoncer à cet agent après une dizaine de cautérisations, et alors je donnerais la préférence au fer rouge sur l'écrasement linéaire (1). Mais j'ai trois remar-

---

(1) Au moment de mettre sous presse, j'apprends de mon collègue M. le professeur Richet qu'il traite les hémorrhoïdes internes par un procédé mixte de cautérisation et d'écrasement. Il exécute son opération avec des pinces spéciales qu'il chauffe à blanc, et dont les anneaux sont en bois, afin que les doigts du chirurgien ne soient pas brûlés. Avec cette pince, il saisit successivement les hémorrhoïdes rendues procidentes, les écrase et les détruit par la brûlure. Il a soin d'ailleurs de laisser des intervalles intacts entre les points saisis par l'instrument, afin d'éviter le rétrécissement consécutif du rectum. Je ne suis pas disposé pour les raisons que j'ai données plus haut, à adopter cette opération comme méthode générale. Mais pour les cas dont il s'agit ici, ceux où l'acide azotique n'a pas réussi, de même que pour ceux dans lesquels le malade serait trop impatient pour attendre un peu longtemps sa guérison, j'y aurais volontiers recours.

ques à faire ici : 1° tout en présumant que l'acide azotique sera peut-être insuffisant pour les bourrelets hémorrhoïdaux considérables, je n'ai cependant pas encore de fait de clinique qui le démontre, le malade que j'ai cité à la page 174 s'étant découragé un peu trop tôt; 2° si le malade a quelque persévérance, il faut recourir à ce moyen, mais en sachant bien et prévenant à l'avance qu'il faudra beaucoup de temps, dix ou douze cautérisations échelonnées à huit ou quinze jours d'intervalle par exemple, la question de sécurité passant avant celle de rapidité. Si l'on ne réussit pas, on aura toujours amoindri la tumeur, et on l'aura préparée à subir avec plus de chances de succès un autre traitement; 3° il n'est pas bien certain que pour ces énormes bourrelets, les autres modes de traitement soient plus efficaces ; car, dans les faits qu'on a publiés, on n'a pas établi, entre les bourrelets moyens et énormes, cette distinction qui eût été nécessaire pour apprécier les choses à leur juste valeur.

4° *Traitement des hémorrhoïdes internes procidentes et étranglées.* Que doit-on faire en présence d'un étranglement douloureux d'hémorrhoïdes internes, tel que je l'ai décrit à la page 112? On a à choisir entre un traitement médical ou expectant et un traitement chirurgical.

Sous le nom de *traitement médical*, je comprends l'emploi de tous les calmants ou palliatifs capables d'amoindrir les souffrances et de faire supporter plus aisément au patient la phase pénible par laquelle il doit passer pour arriver, comme je l'ai dit, à une guérison, ou du moins à une diminution notable des accidents qu'il avait éprouvés jusqu'alors. Cette conduite est incontestablement la plus sage dans les cas où toutes ou presque toutes les bosselures hémorrhoïdales prennent part à la gangrène plus ou moins profonde amenée par l'étranglement. Je n'admets une intervention que dans les cas où un certain nombre d'hémorrhoïdes ont échappé au sphacèle et pourraient continuer les accidents.

Quelle doit être alors cette intervention que j'appelle le *traitement chirurgical*? Elle doit consister dans la cautérisation avec l'acide azotique, pendant la crise même, de celles des hémorrhoïdes qui ne sont pas gangrenées. On n'augmente que passagèrement les douleurs par cette cautérisation qu'il n'est pas nécessaire de faire plus d'une fois, et, complétant ainsi le mécanisme par lequel la nature opère quelquefois la guérison, le chirurgien met plus sûrement son malade dans le cas d'être débarrassé à tout jamais de son infirmité hémorrhoïdaire.

Pour les faits de ce genre, Blandin avait proposé, et M. Demarquay (1) a conseillé, après lui, la section sous-cutanée du sphincter anal. Je n'ai jamais pratiqué cette opération. Je crois, avec les auteurs dont je viens de parler, qu'elle peut bien avoir pour effet de diminuer les souffrances, mais elle ne saurait les faire entièrement disparaître, et elle aurait peut-être l'inconvénient de s'opposer à ce résultat si important pour l'avenir, la formation d'eschares dont la chute doit amener la guérison des accidents.

J'aime mieux, en pareil cas, le mal une fois produit, en laisser au malade le bénéfice et aider même à l'accomplissement de ce bénéfice, en ajoutant les effets de la cautérisation à ceux de l'étranglement, lorsque ces derniers ne paraissent pas assez considérables pour amener la guérison définitive.

Quant à l'écrasement linéaire ou à l'excision, je les rejette plus que jamais dans ces conditions, parce qu'ils feraient naître, sans aucun profit, le danger de l'infection purulente, danger que la gangrène spontanée de la tumeur n'amène pas.

(1) *Loc. cit.*

FIN

TABLE DES MATIÈRES

FIN DE LA TABLE DES MATIÈRES.

A. Parent, imprimeur de la Faculté de Médecine, rue Mr-le-Prince, 31.

CATALOGUE DES LIVRES DE FONDS

DE LA LIBRAIRIE

ADRIEN DELAHAYE

ANATOMIE, PHYSIOLOGIE, MÉDECINE
CHIRURGIE, ETC.

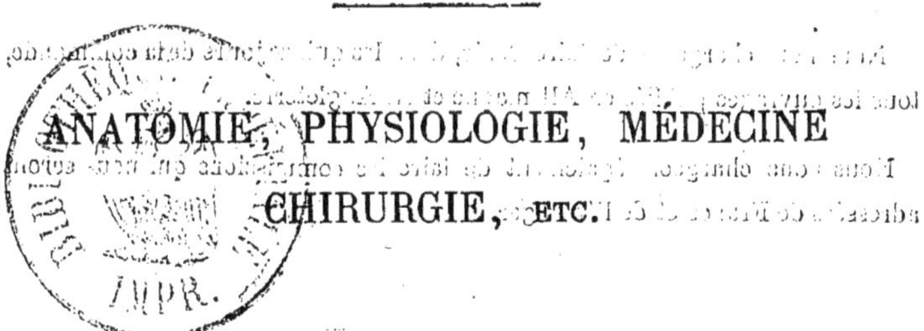

PARIS

PLACE DE L'ECOLE-DE-MEDECINE

Mai 1866.

AVIS

Indépendamment des ouvrages dont le titre figure dans ce Catalogue, nous nous engageons à fournir, aux conditions les plus avantageuses, tous les livres, de quelque genre qu'ils soient.

Nous nous chargeons de faire venir, dans les quinze jours de la commande, tous les ouvrages publiés en Allemagne et en Angleterre.

Nous nous chargeons également de faire les commissions qui nous seront adressées de France et de l'étranger.

— ON TROUVE A LA MÊME LIBRAIRIE toutes les Thèses de Doctorat et de Concours, et un grand nombre de Brochures et Mémoires sur les Sciences médicales.

On ne reçoit que les lettres affranchies.

CATALOGUE DES LIVRES DE FONDS

DE LA LIBRAIRIE

ADRIEN DELAHAYE

Paris. — Place de l'École de Médecine, 23.

Nota. — Tous les ouvrages portés dans ce Catalogue sont expédiés par la poste, dans les départements et en Algérie, *franco* et sans augmentation sur les prix désignés. — Prière de joindre à la demande des *timbres-poste* ou un *mandat* sur Paris.

Agenda-Formulaire des médecins-praticiens, publié sous la direction de M. le Dr Bossu, paraissant tous les ans, du 1er au 10 décembre. 1 vol. in-18 de 400 pages, broché .... 1 fr. 75
Reliures depuis 3 fr. jusqu'à 9 fr.

Almanach général de médecine et de pharmacie, pour la ville de Paris et le département de la Seine, publié par l'administration de l'*Union médicale*, paraissant tous les ans, du 1er au 10 décembre, 1 vol. in-18 d'environ 600 pages .... 3 fr. 50

Annuaire général des sciences médicales, par le Dr Cavasse, ancien interne des hôpitaux de Paris, médecin adjoint des prisons de la Seine. 5 vol. (années 1857, 1858, 1859, 1860 et 1862). Prix de la collection... 20 fr.

ALLARD, médecin inspecteur des eaux minérales de Royat et de Saint-Mart, professeur suppléant à l'école de médecine de Clermont, etc. — **De la thérapeutique hydrominérale des maladies constitutionnelles, et en particulier des affections tégumentaires externes.** In-8 de 74 pages. Paris, 1860 .... 2 fr.

ALLARD. **Précis sur les eaux thermales chloro-bicarbonatées mixtes ferrugineuses arsenicales de Royat** (Puy-de-Dôme), suivi du Guide indicateur. In-8 de 96 pages. Paris, 1861.... 1 fr.

ALLARD. **Du traitement de la phthisie pulmonaire par les eaux d'Auvergne.** In-8 de 56 pages. Paris, 1863.......... 1 fr. 50

ALLARD et BOUCOMONT. — **Les eaux thermo-minérales d'Auvergne, leur spécialité médicale, leur état actuel et leur avenir.** Grand in-8 de 110 pages. Paris, 1862......... 2 fr. 50

ALMAGRO, docteur en médecine, ancien interne des hôpitaux de Paris. — **Etude clinique et anatomo-pathologique sur la persistance du canal artériel.** Mémoire accompagné de 3 planches, dont une coloriée. Paris, 1862................................. 3 fr. 50

AUBURTIN, chef de clinique de la Faculté de Médecine de Paris. — **Recherches cliniques sur les maladies du cœur,** d'après les leçons de M. le professeur Bouillaud ; précédées de *Considérations de philosophie médicale sur le vitalisme, l'organicisme et la nomenclature médicale,* par le professeur Bouillaud. 1 vol. in-8 de 448 pages. .... 3 fr. 50

BECQUEREL. **De la métrite folliculeuse ou granuleuse hémor-rhagique ou des fongosités utérines,** d'après les leçons profes-sées à l'hôpital de la Pitié. In-8 de 15 pages. Paris, 1860.......... 50 c.

BECQUEREL. **Histoire d'un cas de morve aiguë chez l'homme,** recueillie dans le service de M. le professeur ANDRAL. Paris. In-8 de 18 pages... 50 c.

BECQUEREL. **Recherches anatomico-pathologiques sur la cirrhose du foie.** Paris, 1840. In-8 de 60 pages............ 1 fr. 50

BECQUEREL. **Relation d'une épidémie d'affections pseudo-membraneuses et gangréneuses,** qui a régné à l'hôpital des Enfants-Malades de Paris pendant le cours de l'année 1851. Paris, in-8 de 61 pages... 1 fr. 50

BECQUEREL. **De l'empirisme en médecine.** Paris, 1844. 1 vol. in-8 de 82 pages.. 2 fr.

BECQUEREL. **Recherches sur la composition du sang dans l'état de santé et dans l'état de maladie,** par BECQUEREL et RODIER. Paris, 1843. In-8 de 128 pages........................ 2 fr.

BECQUEREL. **Note** relative à quelques analyses du sang, des vomisse-ments et des évacuations alvines, et des urines des cholériques. Paris, 1849. In-8 de 16 pages..................................... 50 c.

BECQUEREL. **Nouvelles recherches d'hématologie,** lues à l'Aca-démie des sciences. Paris, 1852. In-8 de 54 pages.............. 1 fr. 50

BECQUEREL. **Recherches sur les conferves des eaux ther-males de Néris.** Paris, 1855. In-8 de 44 pages............ 1 fr.

BECQUEREL et RODIER. **De la composition du sang dans le scorbut.** Paris, 1847. In-8 de 12 pages..................... 50 c.

BECQUEREL. **Recherches sur la nature des lésions élémen-taires des reins** dans le groupe d'affections comprises sous le terme générique de *maladie de Bright.* Paris, 1855. In-8 de 31 pages. 1 fr. 25

BECQUEREL. **De l'albuminurie et de la maladie de Bright.** Mémoire présenté à l'Académie impériale de médecine. Paris, 1856. In-8 de 44 pages.. 1 fr.

BECQUEREL. **Des applications de l'électricité à la pathologie.** Leçons faites à l'hôpital de la Pitié. Paris, 1856. In-8 de 52 pag. 1 fr. 50

BECQUEREL. **De l'état puerpéral;** résumé d'une série de leçons cli-niques faites à l'hôpital de la Pitié. Paris, 1857. In-8 de 43 pag.. 1 fr. 25

BECQUEREL. **Analyse du lait des principaux types de vaches, chèvres, brebis, bufflesses,** présentés au concours agricole universel de 1859. In-8 de 35 pages...................................... 75 c.

BECQUEREL. **Recherches sur les causes de phlegmasies chro-niques de l'utérus,** la nature de l'état général morbide qui les accom-pagne, et le traitement qui leur convient. Paris, 1859. In-8 de 36 p. 75 c.

BECQUEREL. **Cours de pathologie générale,** fait à la Faculté de médecine de Paris. Paris, 1841. In-8 de 26 pages............... 50 c.

BECQUEREL. **Des eaux d'Ems.** Études sur les propriétés physiques, chimiques et thérapeutiques de ces eaux. Paris, 1859. In-8 de 45 p. 1 fr.

BÉRENGER-FÉRAUD, docteur en médecine de la Faculté de Paris, etc. **Des fractures en V** au point de vue de leur gravité et de leur traite-ment. In-8 de 50 pages. Paris, 1864......................... 1 fr. 50

BERNARD. **Étude sur la fièvre typhoïde,** in-8 de 95 pages. Paris, 1865 .... 2 fr.

BERGERON (Georges), docteur en médecine, ancien interne des Hôpitaux, lauréat de la Faculté, etc. **Recherches sur la pneumonie des vieillards** (pneumonie lobaire aiguë). In-8 de 80 pages et un tableau. Paris, 1866. . . . . , . . 2 fr. 50

BERNADET (Ch.), docteur en médecine, ancien interne des hôpitaux de Paris, etc. **Du catarrhe de la vessie chez les femmes réglées.** In-8 de 112 pages. Paris, 1865 . . . . 2 fr. 25

BERTIN, professeur agrégé à la Faculté de médecine de Montpellier. **De la Ménopause**, considérée principalement au point de vue de l'hygiène. In-8 de 179 pages. Paris, 1866. . . . . 3 fr.

BERTIN. **Étude pathogénique de la glucosurie**, in-8 de 90 pag. 2 fr.

BORŒUF, lauréat de l'Institut. **De l'acide phénique, de ses dissolutions aqueuses et du phénol sodique.** De leurs applications, à l'hygiène, à la thérapeutique et à l'industrie. In-8 de 68 pages. Paris, 1866 . . . . 1 fr. 50

BOIS', docteur en médecine de la Faculté de médecine de Paris, etc. **Thérapeutique de la méthode des injections sous-cutanées.** Paris, 1864. In-8 de 32 pages . . . . 1 fr.

BONNIÈRE, docteur en médecine, etc. **Traité complet iconographique et pratique des maladies contagieuses des organes génito-urinaires.** Traitement sans mercure. Ouvrage illustré d'un grand nombre de figures intercalées dans le texte. Paris, 1866. 1 vol. in-8, publié en livraisons à. . . . . 1 fr. 25

BONNIÈRE. **Essai théorique et pratique sur la blennorrhagie de nature rhnmatismale.** In-8° de 48 pages. Paris, 1866. . 1 fr. 50

BOUCHAUD, docteur en médecine, ancien interne de la Maternité de Paris. **De la mort par inanition et études expérimentales sur la nutrition chez le nouveau-né.** In-8 de 128 pages et 4 tableaux. Paris, 1864 . . . . 2 fr. 50

BOUGARD, docteur en médecine de la Faculté de Paris, médecin consultant à Bourbonne-les-Bains, etc. **Les eaux salées chaudes de Bourbonne-les-Bains** (eaux chlorurées, sodiques et bromo-iodurées). Paris, 1863. 1 vol. in-12 de 150 pages . . . . 2 fr.

BOURCART, docteur en médecine de la Faculté de Paris, etc. **De la situation de l'S iliaque chez les nouveau-nés**, dans ses rapports avec l'établissement d'un anus artificiel. Paris, 1863. In-4 de 40 pag. avec figures . . . . 1 fr. 50

BOURJEAURD (P.). **De la compression élastique et de son emploi en médecine et en chirurgie.** Gr. in-8. Paris, 1860. 1 fr. 50

BOYER (Jules), ancien chef des travaux anatomiques, etc. **Guérison de la phthisie pulmonaire**, et moyens de prévenir cette maladie à l'aide d'un traitement nouveau. Paris, 1866. In-8 de 112 pages, 6° édit. 1 fr. 50

BRIAU. **Mémoire sur quelques difficultés de diagnostic dans les maladies chroniques des organes pulmonaires.** Paris, 1859. In-8 de 38 pages . . . . 1 fr.

BROCA (Paul), professeur agrégé de la Faculté de médecine du Paris, chirurgien des hôpitaux, etc. **Études sur les animaux ressuscitants.** Paris, 1860. In-8 avec figures gravées . . . . 3 fr.

CABOT, docteur en médecine, ancien interne des hôpitaux de Paris. **De la tarsalgie ou arthralgie tarsienne des adolescents.** In-8 de 92 pages. Paris, 1866 . . . . 2 fr.

CAISSO (B.), ancien chef de clinique, etc. **Recherches cliniques et anatomo-pathologiques sur la fièvre typhoïde.** 1 vol. in-8 de 335 pages. Paris, 1864... 5 fr.

CAMPANA, docteur en médecine, ancien interne des hôpitaux de Paris. **Considérations nouvelles sur l'origine de l'hypertrophie et** de la dilatation du cœur. Paris, 1861. In-4 de 78 pages.......... 1 fr. 50

CARESME, docteur en médecine, ancien interne des hôpitaux de Paris. **Recherches cliniques relatives à l'influence de la grossesse sur la phthisie pulmonaire.** In-8 de 151 pages. Paris, 1866.. 3 fr.

CARRE, lauréat de l'Académie impériale de médecine de Paris. **Recherches nouvelles sur l'ataxie locomotrice progressive** (myélophthisie ataxique), considérée surtout au point de vue de l'anatomie et de la physiologie pathologique, 1 vol. grand in-8 de 350 pages, accompagné de trois planches lithographiées. Paris, 1865..................... 6 fr.

CAYRADE, docteur en médecine. **Recherches critiques et expérimentales sur les mouvements réflexes.** 1 vol. in-8 de 185 pages. Paris, 1864... 3 fr.

CHABRAND, médecin de l'hôpital civil de Briançon, etc. **Du goître et du crétinisme endémiques et de leurs véritables causes,** Paris, 1864. In-8 de 92 pages.................................... 2 fr.

CHANCEREL, docteur en médecine, etc. **Historique de la gymnastique médicale** depuis son origine jusqu'à nos jours. In-8 de 70 pages. Paris, 1864... 2 fr.

CHARCOT, médecin des hôpitaux de Paris, professeur agrégé, etc. **De la pneumonie chronique.** In-8 de 67 pages et une planche gravée sur acier. Paris, 1860.. 2 fr.

CHARCOT. **L'intoxication saturnine exerce-t-elle une influence sur le développement de la goutte ?** Paris, 1863. 50 c.

CHARLE, docteur en médecine, ancien interne des hôpitaux de Paris, etc. **Des ulcérations de la langue dans la coqueluche.** In-8 de 34 pages. Paris, 1864.. 1 fr.

CHAUVEAU et MAREY. **Tableau sommaire des appareils et expériences cardiographiques.** Une feuille grand in-plano. 1 fr.

CHÉDEVERGNE, docteur en médecine, ancien interne des hôpitaux de Paris, etc. **De la fièvre typhoïde et de ses manifestations congestives,** inflammatoires et hémorrhagiques vers les principaux appareils de l'économie (cerveau, moelle, poumons, etc.), stéatose du foie. 1 vol. in-8 de 238 pages. Paris, 1864..................... 3 fr. 50.

CHEDEVERGNE. **Du traitement des plaies chirurgicales et traumatiques** par les pansements à l'alcool (eau-de-vie camphrée). In-8 de 39 pages. Paris, 1864.. 1 fr. 25

CHEREAU, docteur en médecine. **Notices sur les anciennes écoles de médecine** *de la rue de la Bucherie,* lettre adressée à M. le Dr Latour. Gr. in-8 de 32 pages avec un plan et une vue. Paris, 1866. . . . 1 fr. 25.

CHEVALIER (Arthur). **L'étudiant micrographe.** Traité théorique et pratique du microscope et des préparations. Ouvrage orné de planches représentant 300 infusoires et de 200 figures dans le texte, 2e édition, augmentée des applications à l'étude de l'anatomie, de la botanique et de l'histologie, par MM. Alphonse de Brebisson, Henri van Heurck et G. Pouchet. 1 vol. in-8 de 563 pages. Paris, 1865..................... 7 fr. 50

CHEVALIER (Arthur). **L'art de l'opticien**, et ses rapports avec la construction et l'application des lunettes. Paris, 1863. In-8 de 28 pages... 50 c.

CHRISTOT (Dubuisson), docteur en médecine de la Faculté de Paris, ex-prosecteur de l'Ecole de médecine de Lyon, etc. **Recherches anatomiques et physiologiques sur la moelle des os longs.** In-8 de 160 pages. Paris, 1865... 3 fr.

CLAPARÈDE, docteur en médecine. **Étude sur les bains de mer**, conseils aux baigneurs, in-8. Paris, 1865....................... 1 fr. 50

CLERC, docteur en médecine, ancien interne des hôpitaux de Paris. **Du chancroïde syphilitique.** In-8. Paris, 1854................. 75 c.

COLOMBEL, docteur en médecine, ancien interne des hôpitaux de Paris. **Recherches sur l'arthrite sèche.** Mémoire in-4 de 120 pages. Paris, 1862... 2 fr.

COMMENGE, médecin du bureau de bienfaisance du 4e arrondissement, etc. **Recherches faites à Saint-Lazare sur la vaccination et la revaccination.** Mémoire adressé à l'Académie de médecine, et honoré d'une médaille d'argent. In-8 de 30 pages. Paris, 1862........ 75 c.

CONSTANS, docteur en médecine de la Faculté de Paris, chevalier de la Légion d'honneur, inspecteur général du service des aliénés. **Relation sur une épidémie d'hystéro-démonopathie en 1861.** 2e édition, in-8 de 130 pages. Paris, 1863................................ 2 fr.

COOPER (Samuel). **Traité élémentaire de pathologie chirurgicale.** 1 vol. in-8.. 1 fr. 50.

CORNARO. **L'art de vivre longtemps et en bonne santé**, traduit de l'italien de L. Cornaro, sur l'édition de 1646, par le Dr J. PATEZON, médecin inspecteur des eaux de Vittel. Paris, 1861. In-8 de 44 pages. 1 fr.

COSTE, docteur en médecine, etc. **Etude clinique sur le cancer de l'œil.** In-8 de 115 pages. Paris, 1866........................ 2 fr. 50

CULLERIER, chirurgien de l'hôpital du Midi, etc. **Des affections blennorrhagiques : Leçons cliniques** professées à l'hôpital du Midi, recueillies et publiées par le Dr ROYET, ancien interne de l'hôpital du Midi, suivies d'un Mémorial thérapeutique, revues et approuvées par le professeur. Paris, 1861. 1 vol. in-8 de 248 pages....................... 4 fr.

DANCEL, docteur en médecine, etc. (physiologie appliquée). **Les formes du corps humain corrigées**, et par suite, les facultés intellectuelles perfectionnées par l'hygiène. In-8 de 115 pages. Paris, 1865..... 4 fr.

DANIS, docteur en médecine de la Faculté de Paris. **Etudes sur la dysentérie** au point de vue de l'étiologie, de la nature et du traitement, suivies de considérations générales sur toute une classe de maladies, les septicémies ou maladies par empoisonnement du sang. In-8 de 104 pages. Valenciennes, 1862.. 2 fr.

DANJOY, docteur en médecine, ancien interne des hôpitaux de Paris. **De la phthisie pulmonaire**, dans ses rapports avec les maladies chroniques. In-4 de 61 pages. Paris, 1862.................... 1 fr. 50

DANTON (A.), docteur en médecine, ancien interne des hôpitaux de Paris, etc. **Essai sur les hémorrhagies intra-oculaires.** Grand in-8 de 82 pages. Paris, 1864................................... 2 fr.

DECLAT, docteur en médecine de la Faculté de Paris, etc. **Nouvelles applications de l'acide phénique en médecine et en chirurgie** aux affections occasionnées par les microphytes, les microzoaires, les virus, les ferments, etc. 1 vol. in-8 de 200 pages. Ouvrage orné de 6 photographies. Paris, 1865... 5 f.

DECORI, docteur en médecine, ancien interne des hôpitaux de Paris, etc. **Relation de l'épidémie de choléra de 1865**, à l'hôpital Saint-Antoine. In-8 de 91 pages. Paris, 1866...................... 2 fr.

DEHOUX, docteur en médecine. **Du mouvement organique et de la synthèse animale.** Paris, 1861. In-8 de 132 pages............ 2 fr. 50

DELEAU, médecin en chef de la Roquette. **Traité pratique sur les applications du perchlorure de fer en médecine.** Paris, 1860. 1 vol. in-8 de 272 pages...................... 4 fr.

DELERY. **Précis historique de la fièvre jaune,** épidémie de 1849. 1 vol. in-8 de 160 pages. 1859...................... 2 fr. 50

DELSOL, docteur en médecine, ancien interne des hôpitaux de Paris. **Du mal perforant du pied.** In-8 de 67 pages. Paris, 1864..... 1 fr. 50

DEPAUL, professeur de clinique d'accouchements à la Faculté de médecine de Paris, membre de l'Académie impériale de médecine. **Nouvelles recherches sur la véritable origine du virus vaccin.** In-8 de 47 pages. Paris, 1864...................... 1 fr. 25

DEPAUL. **De l'origine réelle du virus vaccin.** Réponse aux objections qui ont été faites à mes nouvelles recherches sur la véritable origine du virus vaccin. Paris, 1864. In-8 de 43 pages............ 1 fr. 25

DEPAUL. **De l'opération césarienne.** Paris, 1861. In-8 de 50 pages...................... 1 fr. 50

DEPAUL. **La syphilis vaccinale** devant l'Académie impériale de médecine. In-8 de 86 pages. Paris, 1865...................... 2 fr.

DEPAUL. **De l'oblitération complète du col de l'utérus chez la femme enceinte,** et de l'opération qu'elle réclame. In-8 de 47 pages. Paris, 1860...................... 1 fr. 25

DESLÉONET, docteur en médecine, etc. **Théorie générale des instruments à vent,** thèse présentée au concours pour l'agrégation (section des sciences physiques). In-8 de 80 pages. Paris, 1863.... 1 fr. 50

DESNOS, médecin du bureau central des hôpitaux de Paris, etc. **De l'état fébrile.** In-8 de 112 pages. Paris, 1866...................... 2 fr.

DESPONTS, docteur en médecine de la Faculté de Paris, etc. **Traitement de l'héméralopie par l'huile de foie de morue à l'intérieur.** In-8 de 63 pages. Paris, 1863...................... 1 fr. 50

DESPRÉS, chirurgien des hôpitaux de Paris. **Traité de l'érysipèle.** 1 vol. in-8 de 224 pages. Paris, 1862...................... 3 fr. 50

DESPRÉS. **De la hernie crurale.** In-8 de 138 pages. Paris, 1863. 3 fr.

DESPRES. **Essai sur le diagnostic des tumeurs du testicule.** In-4 de 83 pages. Paris, 1861...................... 2 fr.

DEVALZ, médecin consultant aux Eaux-Bonnes. **De l'action des Eaux-Bonnes dans le traitement des affections de la gorge et de la poitrine,** in-8 de 167 pages. Paris, 1865...................... 2 fr. 50

DIDAY (de Lyon). **Sur un procédé de vaccination préservatrice de la syphilis constitutionnelle.** In-8, 1849.......... 1 fr. 50

DODEUIL, docteur en médecine, ancien interne des hôpitaux de Paris, etc. **Recherches sur l'altération sénile de la prostate et sur les valvules du col de la vessie.** In-8 de 108 pages. Paris, 1866...................... 2 fr. 50

DOLBEAU, professeur agrégé de la Faculté de médecine de Paris, chirurgien des hôpitaux, etc. **Traité pratique de la pierre dans la vessie.** 1 vol. in-8 de 424 p., avec 14 fig. dans le texte. Paris, 1864. 7 fr.

DOLBEAU. De l'emphysème traumatique. 1860. In-8........ 2 r.

DOLBEAU. De l'épispadias, ou fissure uréthrale supérieure et de son traitement. Paris, 1861. In-4 de 35 pages et 4 planches représentant douze sujets... 5 fr.

DRASCH, docteur en médecine de la Faculté de Vienne. **Maladies du foie et de la rate,** d'après les observations faites dans les pays riverains du bas Danube. 1860. In-8 de 62 pages.................. 1 fr. 50

DUBLANCHET. Étude clinique sur les plaies du Globe oculaire. Grand in-8° de 124 pages. Paris, 1866.................. 3 fr.

DUBREUIL, docteur en médecine, prosecteur de la Faculté de médecine de Paris, etc. **Des indications que présentent les luxations de l'astragale.** Mémoire in-4 de 44 pages et 1 planche. 1864.......... 2 fr.

DUBUC (Alfred), docteur en médecine, ancien interne lauréat des hôpitaux de Paris. etc. **Des syphilides malignes précoces.** 1 vol. in-8 de 154 pages. Paris, 1864.. 3 fr.

DUMONT (de Monteux), ancien médecin de la maison centrale du mont Saint-Michel, etc. **Testament médical philosophique et littéraire,** ouvrage destiné non-seulement aux médecins et aux hommes de lettres, mais encore à toutes les personnes éclairées qui souffrent d'une manière occulte, publiée par une commission composée de : MM. Davaine, président; docteurs Blatin, Bourguignon, Cabanellas, Cerise, Foissac, Godin, avocat, baron Larrey, docteur Amédée Latour et docteur Moreau (de Tours). 1 beau vol. in-8 de 636 pages. Paris 1865............. 8 fr.

DUMOULIN, médecin-inspecteur des eaux de Salins, etc. **De l'action reconstituante des eaux de Salins.** In-8 de 148 pages. Paris, 1865.. 2 fr. 50

DUMOULIN, Des conditions pathogéniques de la phthisie au point de vue de son traitement par les eaux minérales. In-8 de 40 pages. Paris, 1865... 1 fr.

DUNCAN (M.) **De l'hématocèle utérine,** traduit de l'anglais et annoté par le docteur VERRIER. In-8 de 23 pages. Paris, 1864.......... 1 fr. 25

DUPUY, docteur en médecine, ancien interne lauréat des hôpitaux de Paris (médaille d'or), etc. **Essai critique et théorique de philosophie médicale.** Paris, 1864. In-8 de 444 pages...................... 6 fr.

DURIAU, ancien chef de clinique de la Faculté de médecine de Paris. **Hygiène des bains de mer,** précédée de considérations sur les bains en général. In-8 de 40 pages. Paris, 1865...................... 4 fr. 25

DURIAU, Parallèle du typhus et de la fièvre typhoïde. 1855. In-8 de 55 pages... 4 fr. 25

DURIAU, Étude clinique sur l'apoplexie de la moelle épinière et sur les paralysies des extrémités inférieures. 1859. Grand in-8 de 24 pages.. 75 c.

DURIAU. Étude clinique et médico-légale sur l'empoisonnement par la strychnine. In-8 de 19 pages. Paris, 1862................ 50 c.

DURIAU et Maximin LEGRAND. De la péliose rhumatismale, ou Érythème noueux rhumatismal. 1858. In-8..................... 50 c.

ESPIAU DE LAMAESTRE, docteur en médecine de la Faculté de Paris, etc. **De l'organisation du service médical et pharmaceutique** dans les Sociétés de prévoyance et de secours mutuels. Projet de statistique médicale. In-8 de 79 pages. Paris, 1861................ 1 fr.

ESSARCO (C.), docteur en médecine de la Faculté de Paris, etc. **Faits et raisonnements établissant la véritable théorie des mouvements et des bruits du cœur.** In-4 de 66 pag. Paris, 1864. 2 fr.

ESTRADÈRE, docteur en médecine de la Faculté de Paris, etc. **Du massage** : son historique, ses manipulations, ses effets physiologiques et thérapeutiques. 1 volume grand in-8 de 168 pages. Paris, 1863...... 3 fr. 50

FABRE, docteur en médecine de la Faculté de Paris, ancien interne des hôpitaux. **Des moyens de progrès en thérapeutique.** Paris, 1861. Grand in-8 de 306 pages.. 3 fr. 50

FAJOLE (de), médecin de l'Hôtel-Dieu de Saint-Geniez, etc. **La santé des femmes,** manuel d'hygiène et de médecine domestique, spécialement écrit pour les mères de famille et les personnes qui s'occupent de l'éducation des jeunes filles. 1 volume in-12 de 426 pages. Paris 1864.......... 3 fr. 50

FANO, professeur agrégé à la Faculté de médecine de Paris, etc. **Traité pratique des maladies des yeux,** contenant des résumés d'anatomie des divers organes de l'appareil de la vision, tome 1er. Ophthalmoscopie. Maladies de l'orbite, des voies lacrymales, des paupières et de la conjonctive. Illustré d'un grand nombre de figures intercalées dans le texte et de 20 dessins en chromolithographie. Paris, 1866. 2 vol. in-8... 17 fr.

FERDUT, docteur en médecine de la Faculté de Paris, etc. **De l'avortement au point de vue médical, obstétrical, médico-légal et théologique.** In-8 de 110 pages. Paris, 1865................... 2 fr.

FERRY DE LA BELLONE (de), docteur en médecine de la Faculté de Paris. **Étude médico-légale sur la commotion du cerveau.** In-4 de 91 pages. Paris, 1864... 2 fr.

FISCHER, docteur en médecine, ancien interne des hôpitaux de Paris, etc. **Des soins consécutifs à la trachéotomie.** Paris, 1863. In-8 de 40 pages.. 1 fr. 25

FISCHER. **De l'exophthalmos cachectique,** 1859. In-8 de 48 pages... 1 fr. 25

FISCHER. **Du diabète consécutif aux traumatismes.** In-8 de 48 pages. Paris, 1862..................................... 1 fr. 50

FISCHER et BRICHETEAU, anciens internes à l'hôpital des Enfants. **Traitement du croup,** ou angine laryngée diphthéritique. Deuxième édition, revue et augmentée. In-8 de 120 pages. Paris, 1863..... 2 fr. 50

FOLLIN, professeur agrégé, chargé du cours de clinique des maladies des yeux à la Faculté de médecine de Paris, chirurgien de l'hôpital du Midi, etc. **Leçons sur les principales méthodes d'exploration de l'œil malade,** et en particulier sur l'application de l'ophthalmoscope au diagnostic des maladies des yeux, rédigées et publiées par Louis THOMAS, interne des hôpitaux, revues et approuvées par le professeur. Paris, 1863. 1 vol. in-8 de 300 pages avec 70 figures dans le texte, et 2 planches en chromolithographie, dessinées par Lackerbaner........................ 7 fr.

FORGET, professeur à la Faculté de médecine de Strasbourg, etc. **Mémoire sur la chorionitis,** ou la sclérostinose cutanée. In-8 de 22 pag. Paris, 1847.. 1 fr.

FORGET, **Doctrine des éléments basée sur les exigences de la pratique.** In-8 de 24 pages. Strasbourg, 1852............... 75 c.

FORGET. **Journée de l'étudiant.** In-8 de 20 pages. Strasbourg, 1852.. 75 c.

FORGET, **Examen de l'aphorisme** : *Naturam morborum ostendunt curationes.* In-8 de 24 pages. Paris, 1863.................... 50 c.

FORGET. **Fragment d'histoire contemporaine.** In-8 de 16 pages. Strasbourg, 1863 .... 50 c.

FORGET. **De la péritonite** par perforation de l'appendice iléo-cœcal. Strasbourg, 1853. In-8 de 15 pages .... 50 c.

FORGET. **Recherches cliniques sur l'emploi de la teinture de fleur de colchique** dans le rhumatisme articulaire simple ou goutteux et les névralgies. Paris, 1854. In-8 de 23 pages .... 50 c.

FORGET. **Aperçu clinique sur la phthisie calculeuse primitive (non tuberculeuse).** Paris, 1854. In-8 de 12 pages ..... 50 e.

FORGET. **Examen de l'aphorisme :** *Sublata causa tollitur effectus.* Paris, 1854. In-8 de 31 pages .... 75 e.

FORGET. **De l'utilité des observations météorologiques.** Paris, 1854. In-8 de 19 pages .... 50 c.

FORGET. **De la statistique appliquée à la thérapeutique** Strasbourg, 1854. In-8 de 28 pages .... 50 c.

FORGET. **La philosophie médicale devant l'Académie.** Strasbourg, 1855. In-8 de 20 pages .... 50 c.

FORGET. **Études cliniques sur les erreurs en médecine.** Paris, 1859. In-8 de 38 pages .... 1 fr. 50

FORGET. **Études cliniques sur les scrofules.** Strasbourg, 1859. In-8 de 23 pages .... 50 c.

FORGET. **L'inflammation de la saignée.** Strasbourg, 1860. In-8 de 20 pages .... 75 c.

FORGET. **Du traitement de l'ophthalmie,** notamment par l'occlusion des paupières. Paris. In-8 de 31 pages .... 75 c.

FORGET. **Lettres sur les maladies du cœur.** Strasbourg. In-8 de 16 pages .... 50 c.

FORGET. **Recherches historiques et cliniques sur l'état du sang dans l'entérite folliculeuse** (fièvre typhoïde). Paris. In-8 de 28 pages .... 50 c.

FORT, docteur en médecine, ancien interne des hôpitaux de Paris, etc. **Traité élémentaire d'histologie.** Paris, 1863. In-8 de 336 pages .... 5 fr. 50.

FORT. **Anatomie descriptive et dissection,** contenant un précis d'embryologie avec structure microscopique des organes et celle des tissus. 1 fort volume in-12 de 1120 pages, avec 182 figures intercalées dans le texte. Paris, 1866 .... 11 fr. 50

FOUCHER, professeur agrégé à la Faculté de médecine de Paris, chirurgien des hôpitaux, etc. **Traité du diagnostic des maladies chirurgicales.** Tome 1er, première partie. Paris, 1866. In-8 de 404 pages, avec figures intercalées dans le texte .... 6 fr.

FOUCHER. **Sur les corps étrangers introduits dans l'urèthre et dans la vessie.** In-8, figures, 20 pages .... 50 c.

FOURCY (Eugène de), ingénieur en chef du corps des mines. **Vade-mecum des herborisations parisiennes,** conduisant par la méthode dichotomique aux noms d'ordre, de genre et d'espèce de toutes les plantes spontanées ou cultivées en grand dans un rayon de 30 lieues autour de Paris. 2e édition. Paris, 1866. 1 vol. in-18 de 277 pages .... 4 fr. 50

FOURNIÉ (Edouard), docteur en médecine. **Physiologie de la voix et de la parole.** 1 volume in-8 de 816 pages, avec figures dans le texte. Paris, 1866.. 10 fr.

FOURNIÉ (Édouard). **De la pénétration des corps pulvérulents gazeux, solides et liquides, dans les voies respiratoires,** au point de vue de l'hygiène et de la thérapeutique. In-8 de 75 pages. Paris, 1862 .... 2 fr.

FOURNIÉ (Édouard). **Etude pratique sur le laryngoscope et sur l'application des remèdes topiques dans les voies respiratoires.** In-8 de 106 pages, avec fig. dans le texte. Paris, 1863... 2 fr. 50

FOURNIER (Alfred), professeur agrégé à la Faculté de médecine de Paris, médecin des hôpitaux. **De l'urémie.** In-8 de 148 p. Paris, 1863. 2 fr. 50

FOURNIER (Alfred). **Recherches sur l'incubation de la syphilis.** In-8 de 48 pages. Paris, 1865............................... 1 fr. 50

FOURNIER (Alfred). **Recherches sur la contagion du chancre.** Paris, 1857. In-8 de 110 pages................................ 2 fr.

FOURNIER (Alfred). **Étude sur le chancre céphalique.** 1858. Broch. in-8 .... 1 fr. 25

FOVILLE (A.). **Déformation du crâne résultant de la méthode la plus générale de couvrir la tête des enfants.** Paris, 1834. 1 volume in-8, avec 12 gravures................................ 2 fr.

FRITZ, docteur en médecine, ancien interne lauréat des hôpitaux de Paris, etc. **Étude clinique sur divers symptômes spinaux observés dans la fièvre typhoïde.** 1 vol. in-8 de 186 pages. Paris, 1864.. 3 fr.

FUSTER (J.), professeur de clinique médicale à la Faculté de Montpellier, etc. **Monographie clinique de l'affection catarrhale.** 2e édition. Paris, 1865, 1 volume in-8 de 616 pages................ 7 fr.

GARROD. **Traité de la goutte et du rhumatisme goutteux,** précédé d'une introduction et accompagné de notes par M. CHARCOT, professeur agrégé à la Faculté de médecine de Paris, médecin de la Salpêtrière, etc. Ouvrage traduit par M. Ollivier, sous-bibliothécaire à la Faculté de médecine de Paris. 1 volume in-8 accompagné de figures dans texte et de planches coloriées. Paris, 1866.

GAULEJAC, docteur en médecine, ancien interne des hôpitaux de Paris, etc. **Du pansement des plaies par l'alcool.** In-8 de 80 pages. Paris, 1864 .... 2 fr.

GAUTIER, docteur en médecine. **Des matiéres albuminoïdes.** In-8 de 88 pages. Paris, 1865.................................... 1 fr. 50

GAYRAUD, docteur en médecine, etc. **Étude sur le prolapsus hypertrophique de la langue.** In-8 de 133 pages, avec 1 planche. Paris, 1866 .... 3 fr. 50

GAYRAUD. **Des perfectionnements récents de la synthèse chirurgicale.** 1 vol. in-8 de 147 pages. Montpellier et Paris, 1866. 3 fr. 50

GENDRIN. **Mémoire sur le diagnostic des anévrysmes des grosses artères.** In-8 de 70 pages.......................... 1 fr.

GENDRIN. **De l'influence des âges dans les maladies.** In-8 de 108 pages. .... 2 fr.

GERME, docteur en médecine de la Faculté de Paris, ex-prosecteur **et** lauréat de l'Ecolé de médecine d'Arras, etc. **Qu'est-ce que l'albumi-nurie?** ou de son analogie avec les sécrétions séreuses, séro-plastiques et les hémorrhagies qui se font soit à la surface, soit dans l'épaisseur. In-8 de 160 pages. Paris, 1864....................................... 3 fr.

GIMBERT, docteur en médecine de la Faculté de Paris. **Mémoire sur la structure et la texture des artères.** In-8 de 68 pages, avec 3 planches. Paris, 1866... 3 fr.

GODARD (E.). **Recherches sur les monorchides et les cryptor-chides chez l'homme.** Paris, 1856. In-8..................... 1 fr.

GOSSE, docteur en médecine de la Faculté de Paris, etc. **Des taches au point de vue médico-légal.** In-8 de 96 p., avec 3 pl. 1863... 3 fr.

GOSSELIN, professeur de pathologie chirurgicale à la Faculté de méde-cine de Paris, chirurgien de l'hôpital de la Pitié, etc. **Leçons sur les hernies**, professées à la Faculté de médecine de Paris, recueillies et pu-bliées par le docteur Léon Labbé, professeur agrégé, chirurgien du bureau central. 1 vol. in-8 de 500 pages, avec fig. dans le texte. Paris, 1864. 7 fr.

GOSSELIN. **Leçons sur les hémorrhoïdes.** 1 vol. in-8. Paris, 1866. 3 fr.

GOUGUENHEIN, ancien interne des hôpitaux de Paris, etc. **Des tumeurs anévrysmales des artères du cerveau.** In-8º de 124 pages. Paris, 1866................................... 2 fr. 50

GRAVES. **Leçons de clinique médicale**, précédées d'une introduction de M. le professeur Trousseau, ouvrage traduit et annoté par le docteur Jaccoud, professeur agrégé à la Faculté de médecine de Paris, médecin des hôpitaux. Deuxième édition, revue et corrigée. Paris, 1863. 2 forts vol. in-8... 20 fr.

Nous extrayons de la préface de M. le professeur Trousseau les lignes suivantes :

«Depuis bien des années, je parle de Graves dans mes leçons cliniques ; j'en recommande la lecture; je prie les élèves qui savent l'anglais de considérer cet ouvrage comme leur bréviaire ; je dis et je répète que, de toutes les œuvres pratiques publiées dans notre siècle, je n'en connais pas de plus utile, de plus intelligente, et j'ai toujours regretté que les leçons cliniques du grand praticien de Dublin n'eussent pas été traduites dans notre langue.

»Professeur de clinique de la Faculté de Médecine de Paris, j'ai sans cesse lu et relu l'œuvre de Graves ; je m'en suis inspiré dans mon enseigneuent ; j'ai essayé de l'imiter dans le livre que j'ai publié moi-même sur la clinique de l'Hôtel-Dieu ; et encore aujourd'hui, bien que je sache pres-que par cœur tout ce qu'a écrit le professeur de Dublin, je ne puis m'empêcher de relire con-stamment un livre qui ne quitte jamais mon bureau.

GRIESINGER, professeur de clinique médicale et de pathologie mentale à l'Université de Zurich. **Des maladies mentales et de leur traite-ment**, précédé d'une classification des maladies mentales, d'une étude sur la paralysie générale, et accompagné de notes intercurrentes par M. le docteur Baillarger, médecin de la Salpêtrière, membre de l'Aca-démie de médecine; ouvrage traduit par le docteur Doumic, médecin de la maison centrale de Poissy, etc. 1 fort vol. in-8. Paris, 1864...... 9 fr.

GROS (Léon), ancien médecin en chef de l'hôpital de Sainte-Marie-aux-Mines, et LANCEREAUX, interne des hôpitaux de Paris. **Des affec-tions nerveuses syphilitiques.** Paris, 1861. 1 vol. in-8..... 7 fr.

Ouvrage couronné par l'Académie impériale de médecine.

GUBLER, professeur agrégé à la Faculté de médecine de Paris, médecin de l'hôpital Beaujon, etc. **Des épistaxis utérines simulant les règles** au début des pyrexies et des phlegmasies. Paris, 1863. In-8 de 49 pages... 1 fr. 50

**GUBLER. De la paralysie amyotrophique consécutive aux ma-
ladies aiguës.** Paris, 1861. In-8 de 56 pages................. 1 fr. 50

GUENEAU DE MUSSY (Noël), médecin de l'hôpital de la Pitié, professeur
agrégé à la Faculté de médecine de Paris, etc. **Causes et traitement
de la tuberculisation pulmonaire;** leçons professées à l'Hôtel-
Dieu en 1859, recueillies et publiées par le docteur WIELAND, ancien interne
des hôpitaux de Paris, revues par le professeur. Paris, 1860. In-8... 3 fr.

— **Deux leçons de pathologie générale.** Paris, 1863. In-8 de
38 pages... 1 fr.

GUÉNIOT, docteur en médecine, chef de clinique de la Faculté de Paris.
Des vomissements incoercibles pendant la grossesse. In-8
de 127 pages. Paris, 1863................................... 2 fr. 50

GUÉPIN, docteur en médecine, ancien chef de clinique de M. le docteur
Desmarres. **Des kystes de l'iris.** In-4 de 40 pages et 2 figures. Paris,
1860.. 1 fr. 50

GUÉRIN (Alphonse), chirurgien de l'hôpital de Saint-Louis, etc. **Leçons
cliniques sur les maladies des organes génitaux externes
de la femme.** Leçons professées à l'hôpital de Lourcine. 1 vol. in-8 de
530 pages. Paris, 1864.................................... 7 fr.

**GUIBERT. Histoire naturelle et médicale des nouveaux médi-
caments introduits dans la thérapeutique depuis 1830
jusqu'à nos jours,** 2e édition, revue et augmentée, 1 vol. in-8 de
700 pages. Bruxelles, 1865............................... 10 fr.

GUILBERT (Alphonse), docteur en médecine de la Faculté de Paris. **De la
phthisie pulmonaire** dans ses rapports avec l'altitude et avec les races
au Pérou et en Bolivie; du soroche ou mal des montagnes. Grand in-8 de
80 pages. Paris, 1862.................................... 2 fr. 50

GUYOMAR, docteur en médecine de la Faculté de Paris, etc. **Recherches
physiologiques et philosophiques** sur le magnétisme, le somnam-
bulisme et le spiritisme. In-8. de 40 pages. Paris, 1865.......... 1 fr. 25

GUYON (F.), professeur agrégé à la Faculté de médecine de Paris, chirurgien des hôpitaux, etc. **Des vices de conformation de l'urèthre
chez l'homme, des moyens d'y remédier.** 1 vol. grand in-8 de
174 pages, orné de 4 planches. Paris, 1863................ 3 fr. 50

GUYON (F.). **Des tumeurs fibreuses de l'utérus.** 1860. In-8 de
139 pages et 1 planche.................................. 2 fr. 50

HALLE, docteur en médecine. **Des phlegmons périnéphrétiques.**
1 vol. in-8 de 152 pages. Paris, 1863..................... 2 fr. 50

HARDY, professeur agrégé, chargé du cours de clinique des maladies de la
peau à la Faculté de médecine de Paris, médecin de l'hôpital Saint-
Louis, etc. **Leçons sur les maladies de la peau,** rédigées et publiées par MM. les docteurs MOYSANT, GARNIER et LEFEUVRE, 3 vol. in-8
réunis en 1 vol. cartonné à l'anglaise. Paris, 1860 à 1864....... 12 fr. 50

On vend séparément :

**HARDY. Leçons sur la scrofule et les scrofulides, sur la
syphilis et les syphilides,** rédigées et publiées par le docteur
Jules LEFEUVRE, revues par le professeur. 1 vol. in-8. Paris, 1864... 4 fr.

HARDY (Charles), docteur en médecine, ancien interne des hôpitaux de
Paris, etc. **Mémoire sur les abcès blennorrhagiques.** Paris,
1864. In-8 de 52 pages et 3 planches............................ 2 fr.

HAUGTON (Samuel). **Esquisse d'une théorie nouvelle de l'action musculaire**; ouvrage traduit par le docteur VERRIER. In-8 de
19 pages. Paris, 1864... 1 fr.

HENNEQUIN, docteur en médecine, ancien interne des hôpitaux de Paris.
**Du fongus bénin du testicule et de ses rapports avec la
hernie du même organe.** In-8 de 66 pages. Paris, 1865...... 2 fr.

HENROT, docteur en médecine, ancien interne des hôpitaux de Paris, etc.
**Des pseudo-étranglements que l'on peut rapporter à la
paralysie de l'intestin.** In-8 de 115 pages. Paris, 1865.. 2 fr. 50

HICGUET, docteur en médecine. **De la méthode substitutive, ou
de la cautérisation appliquée au traitement de l'uréthrite
aiguë et chronique.** Paris, 1862, 1 vol. in-8............. 3 fr. 50

Histoire d'un atome de carbone, depuis l'origine des temps jusqu'à
ce jour. 1 vol. in-12 de 102 pages. Paris, 1864................. 1 fr. 25

HORION, docteur en médecine, ancien chef de clinique à l'Université de
Liége. **Des rétentions d'urine, ou Pathologie spéciale des organes urinaires** au point de vue de la rétention. Paris, 1863, 1 vol.
in-8... 6 fr.

HOUDART (M.-S.). **Examen critique de la vie d'Hippocrate.**
Paris, 1851. 1 vol. in-8................................... 1 fr. 50

IMBERT-GOURBEYRE, professeur de matière médicale à l'Ecole de médecine de Clermont-Ferrand, etc. **Étude sur quelques symptômes de
l'arsenic et les eaux minérales arsenifères** (pour servir en
outre de démonstration aux doses infinitésimales). Grand in-8 de 108 pages,
Paris, 1863.. 2 fr.

IZARD. **Choléra, prophylaxie, symptômes**; traitement mis à la
portée de tout le monde. In-12. Paris, 1865................. 50 c.

JACCOUD, professeur agrégé à la Faculté de médecine de Paris, médecin
du Bureau central, etc. **Études de pathogénie et de sémiotique,
les paraplégies et l'ataxie du mouvement**, etc. 1 fort vol. in-8.
Paris, 1864.. 9 fr.

JACCOUD. **De l'organisation des Facultés de médecine en
Allemagne.** Rapport présenté à Son Excellence le ministre de l'instruc-
tion publique le 6 octobre 1863. 1 vol. in-8 de 175 pages. Paris,
1864.. 3 fr. 50

JAMAIN (M.-A.). **Des plaies du cœur** In-8. Paris, 1857....... 2 fr.

JAUMES, docteur en médecine, etc. **Du glaucome.** 1 vol. in-8 de
264 pages. Montpellier et Paris, 1865...................... 4 fr

JAUMES. **Pathologie et thérapeutique de l'affection calculeuse, considérées dans leurs rapports avec les différents
âges de la vie.** 1 vol. in-8 de 148 pages. Montpellier et Paris, 1866.   3 fr. 50

JOBERT. **Entretien sur le mal de mer,** et de l'appréciation des
divers moyens de traitement proposés contre cette affection. Brochure in-18
de 22 pages. Paris, 1862.................................. 50 c.

JODIN, médecin du 9e bureau de bienfaisance de Paris. **De la nature et du traitement du croup et des angines couenneuses,** étude clinique et microscopique, etc. Paris, 1859. In-8 de 39 pages.... 1 fr. 25

JOLICLERE, docteur en médecine. **De l'adénite syphilitique, du diagnostic et du traitement.** Brochure in-18, avec une planche coloriée. Paris, 1862.. 1 fr. 50

JONES (W. H.), docteur en médecine de la Faculté de Paris, etc. **Quelques considérations pratiques sur les cas de rétrécissement du bassin,** observés à la Clinique d'accouchements de Paris en 1857, 1858 et 1859. Paris, 1864. Gr. in-8 de 68 pages........... 1 fr. 50

JORDAO, docteur en médecine. **Considérations sur un cas de diabète.** 1857. In-4 de 86 pages et 2 planches.................. 1 fr. 50.

JOURDANET, docteur en médecine des Facultés de Paris et de Mexico. **Du Mexique au point de vue de son influence sur la vie de l'homme.** 1 vol. in-8 de 400 pages. Paris, 1861.................. 4 fr.

JULLIARD, docteur en médecine, ancien interne des hôpitaux de Paris **Des ulcérations de la bouche et du pharynx dans la phthisie pulmonaire.** In-8 de 76 pages avec 2 planches. Paris, 1865. .... 3 fr.

KUBORN, professeur d'hygiène industrielle et {professionnelle à l'école industrielle de Seraing, etc. **Etude sur les maladies particulières aux ouvriers mineurs employés aux exploitations houillères en Belgique.** Paris, 1863. 1 vol. gr. in-8 de 300 pages..... 6 fr.

LABALBARY, docteur en médecine de la {Faculté de Paris. **Des kystes de l'ovaire, ou de l'hydrovarie et de l'ovariotomie,** d'après la méthode anglaise du docteur Baker Brown, chirurgien en chef de London Surgical Home, etc. In-8 de 82 pages. Paris, 1862............ 2 fr.

LABBÉ (Léon), professeur agrégé à la Faculté de médecine de Paris, chirurgien des hôpitaux, etc. **De la coxalgie.** In-8 de 140 pages, avec 3 planches. Paris, 1863.................................. 2 fr. 50

LABORDE, ancien interne des hôpitaux de Paris, lauréat de la Faculté. **De la paralysie** (dite essentielle) **de l'enfance,** des déformations qui en sont la suite et des moyens d'y remédier. 1 vol. in-8 de 276 pages, accompagné de 2 planches dont une coloriée. Paris, 1864........... 5 fr.

LABORDE. **Le ramollissement et la congestion du cerveau principalement considérés chez le vieillard.** Etude clinique et pathogénique. 1 vol. in-8 de 420 pages, avec planche coloriée contenant 6 figures. Paris, 1866 .... 6 fr.

LACROUSILLE (DE), docteur en médecine, ancien interne des hôpitaux de Paris, etc. **De la péricardite hémorrhagique.** 1 vol. in-8 de 196 pages. Paris, 1865.................................. 3 fr. 50

LABORDETTE (DE), docteur en médecine, chirurgien de l'hôpital civil de Lisieux. **Note sur le spéculum laryngien.** In-8 de 24 pages. Paris, 1866. .... 75 c.

LALLÉMENT (P.), docteur en médecine, ancien interne lauréat des hôpitaux de Paris, etc. **De l'élément nerveux dans le croup.** In-4 de 104 pages. Paris, 1864................................. 2 fr. 50

LANCEREAUX, docteur en médecine, ancien interne des hôpitaux de Paris, **De la thrombose et de l'embolie cérébrale** considérées principalement dans leurs rapports avec le ramollissement du cerveau. Mémoire in-4 de 138 pages et tableaux. Paris, 1862..................... 3 fr. 50

LANCEREAUX. **Des hémorrhagies méningées** considérées principalement dans leurs rapports avec les membranes de la dure-mère crânienne. In-8 de 74 pages. Paris, 1862........................ 2 fr.

LANCEREAUX. **Mémoire d'anatomie pathologique** sur les questions suivantes : 1° l'endocardite ulcéreuse; 2° l'infection par produits septiques internes; 3° l'altération des nerfs et des muscles dans la paralysie saturnine. Gr. in-8 de 84 pages. Paris, 1863.................... 2 fr. 50

LANCEREAUX. **Rapport** à la Société anatomique sur un cas d'embolie pulmonaire suivi de mort subite. — **Des cicatrices du foie dans le diagnostic anatomique de la syphilis viscérale.** Paris, 1862. In-8 de 72 pages .... 1 fr.

LANCEREAUX. **Étude sur la dégénérescence graisseuse** des éléments actifs du foie, des reins et des muscles de la vie animale, dans l'empoisonnement par le phosphore. Paris, 1863. In-8 de 16 pages... 75 c.

LANCEREAUX. **De l'amaurose liée à la dégénération des nerfs optiques** dans le cas d'altération des hémisphères cérébraux. In-8 de 42 pages. Paris, 1864.................................... 1 fr. 25

LANGLEBERT (Edm.). **Nouvelle doctrine syphilographique. — Du chancre** produit par la contagion des accidents secondaires de la syphilis, suivi d'une nouvelle étude sur les moyens préservatifs des maladies vénériennes. 2° édition, revue et augmentée du rapport de M. CULLE-RIER à la Société de chirurgie. In-8. Paris, 1862................. 2 fr. 50

LANGLEBERT (Edm.). **Unicisme et dualisme chancreux.** In-8 de 32 pages. Paris, 1864.................................... 75 c.

LARREY (baron H.) **Compte rendu du service de clinique chirurgicale pendant l'année** 1856, publié par le docteur GAUJOT. Strasbourg, 1860. In-8................................ 2 fr.

LARROQUE (baron de), médecin par quartier de l'Empereur, etc. **Hydrologie médicale.** Salies de Béarn et ses eaux chlorurées sodiques (bromo-iodurées). Paris, 1864. Gr. in-8 de 76 pages........... 2 fr. 50

LARROQUE. **Étude théorique et clinique des eaux minérales** (chloro-bromo-iodurées) **de Salies de Béarn**, précédée de documents historiques, topographiques, géologiques et chimiques. In-8 de 144 pages. Paris, 1865.................................... 3 fr.

LAUGIER, professeur de la Faculté de médecine de Paris, etc. **Des varices et de leur traitement.** In-8 de 119 p. Paris, 1842.. 1 fr. 50

LE FORT, professeur agrégé à la Faculté de médecine de Paris, chirurgien des hôpitaux, etc. **Des vices de conformation de l'utérus et du vagin.** 1 vol. in-8 de 107 pages, avec 1 planche. Paris, 1863... 3 fr. 50

LEFORT (C.), disciple d'Auguste Comte. **La méthode de la science moderne est-elle réellement positive et définitive?** Introduction à la construction du dogme positiviste par la découverte de l'origine organique de l'intelligence. In-8 de 92 pages. Paris, 1864...... 2 fr.

LEFORT (C.). **Découverte de l'origine organique de l'intelligence** et constitution par cette découverte d'un nouveau dogme scientifique, 2° fascicule. In-8 de 100 pages. Paris, 1864............... 2 fr.

MALGAIGNE. Recherches sur les fractures des cartilages intercostaux et sur leur traitement. Paris, 1841. In-8 de 12 p.. 50 c.

MALGAIGNE. Mémoire sur la valeur réelle de l'orthopédie, et spécialement sur la myotomie rachidienne dans le traitement des déviations latérales de l'épine. Paris, 1845. In-8 de 30 pages............ 1 fr.

MARCHAND, docteur en médecine de la Faculté de Paris. **Du croton tiglium,** recherches botaniques et thérapeutiques. Paris, 1861. In-4 de 94 pages et 2 planches.................................... 3 fr. 50

MARCOWITZ (A.), docteur en médecine, ancien interne des hôpitaux de Paris, etc. **Etude sur les différentes espèces d'épanchements pleurétiques et sur leur traitement médical et chirurgical.** In-4 de 103 pages. Paris, 1864...................... 2 fr.

MAREY, docteur en médecine, lauréat de l'Institut et de la Faculté de médecine de Paris, etc. **Physiologie médicale de la circulation du sang** : étude graphique des mouvements du cœur et du pouls artériel; application aux maladies de l'appareil circulatoire. 1 vol. in-8, avec 235 figures intercalées dans le texte. Paris, 1863.................. 10 fr.
> Ouvrage couronné par l'Académie des sciences.

MARTIN (Ferdinand), chirurgien-orthopédiste des maisons d'éducation de la Légion d'honneur, etc., et COLLINEAU, docteur en médecine de la Faculté de médecine de Paris, etc. **Traité de la coxalgie, de sa nature et de son traitement.** 1 vol. in-8 de 500 pages, accompagné de planches. Paris, 1865.................................. 7 fr.
> Ouvrage couronné par l'Académie des sciences.

MARTINEAU, docteur en médecine, ancien interne lauréat des hôpitaux de Paris (Médaille d'or). **Des endocardites.** 1 vol. in-8 de 160 pages et 1 planche. Paris, 1866.................................. 3 fr. 50

MASSE, docteur en médecine, etc. **De la cicatrisation dans les différents tissus.** In-4 de 76 pages et 1 planche coloriée. Montpellier et Paris, 1866.................................. 3 fr. 50

MASSOL (A.), docteur en médecine de la Faculté de Paris, etc. **Nouvelle méthode de traitement à suivre après l'opération de la cataracte.** In-8 de 16 pages. Paris, 1864.................. 75 c.

MATTEI. Des ruptures dans le travail de l'accouchement et de leur traitement. Paris, 1860. In-8 de 92 pages.......... 2 fr. 50

MATTEI. Clinique obstétricale, ou Recueil d'observations et statistiques. Paris, 1862 et 1863. 4 vol. in-8.................. 16 fr.

MÉNÉCIER, docteur en médecine, etc. **Notice sur la rage,** avec un projet nouveau de police sanitaire sur la rage canine. In-8 de 59 pages. Paris, 1864.................................. 1 fr. 50

MERCIER, docteur en médecine de la Faculté de Paris, etc. **La fièvre jaune,** sa manière d'être à l'égard des étrangers à la Nouvelle-Orléans et dans les campagnes; quelques mots sur son passé et son avenir en Europe. 1860. Brochure in-8........ .... 75 c.

METTAIS, docteur en médecine de la Faculté de Paris, etc. **Des associations et des corporations en France.** Nouvelle édition, augmentée d'un appendice sur les associations médicales. 1 vol. in-8 de 198 pages. Paris, 1863.................................. 2 fr.

MILLET, docteur en médecine, ancien Interne des hôpitaux de Paris, **Étude statistique sur la maladie syphilitique, le chancre simple et la blennorrhagie.** 1 vol. in-8 de 76 pages. Paris, 1866. . . 2 fr.

MOILIN, docteur en médecine, ancien interne des hôpitaux de Paris. **Leçons de médecine physiologique.** 1 vol. in-8 de 296 pages. Paris, 1866 .... 3 fr. 50

MOITESSIER, professeur agrégé à la Faculté de médecine de Montpellier. **De l'urine.** Thèse de concours pour l'agrégation. 1856. In-4 ...... 2 fr.

MOITESSIER. **Etudes chimiques des eaux minérales de Lamalou** (Hérault). Montpellier, 1861. In-8 de 130 pages et 2 pl... 3 fr. 50

MORAX, docteur en médecine, ancien interne des hôpitaux de Paris. **Des affections couenneuses du larynx.** In-8 de 156 pages. Paris, 1864. .... 2 fr. 50

MORDRET, lauréat de l'Académie de médecine de Paris, etc. **Traité pratique des affections nerveuses et chloro-anémiques** considérées dans les rapports qu'elles ont entre elles. Paris, 1861. 1 vol. in-8 de 496 pages .... 6 fr.
Ouvrage qui a obtenu un prix de l'Académie impériale de médecine.

MOURA, docteur en médecine de la Faculté de Paris, etc. **Traité pratique de laryngoscopie et de rhinoscopie,** suivi d'observations. Paris, 1864. 1 vol. in-8 de 200 pages, avec 21 fig. dans le texte.... 4 fr.

MOURIER, docteur en médecine. **Des causes de la stérilité chez l'homme et chez la femme.** In-8º de 128 pages. Paris, 1866. . 2 fr.

MUGNIER, docteur en médecine de la Faculté de Paris. **De la folie consécutive aux maladies aiguës.** In-8 de 98 p. Paris, 1865. 2 fr.

NEGRONI, docteur en médecine, etc. **Aperçu sur l'ovariotomie,** fondée sur 645 observations. In-8 de 34 pages et six tableaux........... 1 fr. 50

NÉLATON (Eugène), prosecteur de la Faculté de médecine de Paris. **Mémoire sur une nouvelle espèce de tumeurs bénignes des os, ou tumeurs à myéloplaxes.** 1 vol. grand in-8 de 376 pages et 3 planches coloriées. 1860 .... 6 fr. 50

NIEMEYER, professeur de pathologie et de clinique médicale à l'Université de Tubingen. **De la leucémie et de la mélanémie,** traduit de l'allemand par le docteur KUBORN, professeur d'hygiène spéciale à l'école industrielle de Seraing. Paris, 1862. In-8 de 53 pages........... 1 fr. 50

NODET (L.), docteur en médecine, etc. **Etudes cliniques et expérimentales** sur les diverses espèces de chancres, et particulièrement sur le chancre mixte, précédées d'une lettre d'introduction par M. le docteur ROLLET, chirurgien en chef de l'Antiquaille de Lyon. 2º édition. Paris, 1864 1 vol. in-8 de 149 pages .... 2 fr.

NONAT, médecin de la Charité, agrégé libre de la Faculté de Paris, chevalier de la Légion d'honneur, etc. **Traité pratique des maladies de l'utérus et de ses annexes.** 2º édition, augmentée. 1 fort vol. in-8, avec figures dans le texte. Paris, 1866.

NONAT. **Traité des dyspepsies,** ou Etude pratique de ces affections, basée sur les données de la physiologie expérimentale et de l'observation clinique. 1 vol. in-8 de 230 pages. Paris, 1862................. 3 fr. 50

NONAT. **Traité théorique et pratique de la chlorose, avec une étude spéciale sur la chlorose des enfants.** In-8 de 211 pages. Paris, 1864.. 3 fr. 50

OLLIER, docteur en médecine, ancien interne des hôpitaux de Lyon. **De la production artificielle des os au moyen de la transformation du périoste et des greffes osseuses.** 1859. In-8 de 20 p. 75 c.
Mémoire lu à la Société de biologie.

OLLIVIER, sous-bibliothécaire de la Faculté de médecine de Paris, etc. **Essai sur les albuminuries produites par l'élimination des substances toxiques** Grand in-8 de 24 pages. Paris, 1863. 1 fr. 25

PANAS, professeur agrégé à la Faculté de médecine de Paris, chirurgien des hôpitaux, etc. **Des cicatrices vicieuses et des moyens d'y remédier.** In-8 de 134 pages et 1 planche. Paris, 1863.......... 2 fr. 50

PARROT, professeur agrégé à la Faculté de médecine de Paris, etc. **De la mort apparente.** Paris, 1860. In-8 de 80 pages............... 2 fr.

PATEZON, **Etudes cliniques sur les maladies traitées aux eaux minérales de Vittel** (Vosges), par le docteur PATEZON, médecin-inspecteur, etc. Paris, 1862. 1 vol. in-12.................. 1 fr. 50

PÉAN, docteur en médecine, ancien interne lauréat des hôpitaux de Paris, etc. **De la scapulalgie et de la résection scapulo-humérale,** envisagée au point de vue du traitement de la scapulalgie. Paris, 1860. In-8 de 92 pages et 20 dessins intercalés dans le texte...... 3 fr. 50

PENILLEAU, docteur en médecine de la Faculté de Paris, etc. **Etude sur le café au point de vue historique, physiologique et alimentaire.** Grand in-8 de 90 pages. Paris, 1864............' 2 fr. 50

PERRET, docteur en médecine, ancien interne des hôpitaux de Paris, etc. **Des tumeurs sanguines intra-pelviennes pendant la grossesse normale et l'accouchement.** Grand in-8 de 88 pages. Paris, 1864... 2 fr.

PETIT, médecin en chef de l'Asile des aliénés de Nantes. **Examen de la loi du 30 juin 1838 sur les aliénés.** In-8 de 68 pages. Paris, 1865... 2 fr.

PÉTREQUIN, ex-président de l'Académie des sciences, belles-lettres et arts, et professeur à l'École de médecine de Lyon, etc. **Mélanges d'histoire, de littérature et de critique médicales** sur les principaux points de la science et de l'art. Paris, 1864. 1 vol. grand in-8 de 476 pages.. 6 fr.

PETREQUIN. **Traité d'anatomie médico-chirurgicale et topographique.** 1 fort vol. in-8. Paris, 1844...................... 2 fr.

PETREQUIN. **De l'emploi thérapeutique des lactates alcalins, dans les maladies fonctionnelles de l'appareil digestif.** 2e édition. In-8 de 24 pages. Paris, 1864...................... 75 c.

PICARD, docteur en médecine, ancien interne des hôpitaux de Paris, etc. **Des inflexions de l'utérus à l'état de vacuité.** 1 vol. in-8 de 200 pages, avec figures dans le texte. Paris, 1862............. 3 fr. 50

PIORRY, professeur de clinique médicale à la Faculté de Paris, médecin de l'hôpital de la Charité, membre de l'Académie, etc. **La médecine du bon sens. De l'emploi des petits moyens en médecine et en thérapeutique.** 1 vol. in-12. Paris, 1864...................... 6 fr.

PIORRY. **Traité de plessimétrisme,** comprenant une partie pratique, une partie physique et les progrès récents de la médio-percussion, avec de nombreuses planches dans le texte. 1 fort vol. in-8. Paris, 1866.

PLAITE, docteur en médecine, etc. **Nouveaux moyens de prophylaxie infaillible, très-simples et inoffensifs,** applicables chez la femme au moyen d'un nouvel instrument, contre les maladies vénériennes et contre la syphilis, et explication théorique des formes et des phénomènes de la syphilis par un seul virus, agissant comme les ferments. In-8 de 171 pages, avec 1 planche. Paris, 1865...................... 2 fr. 50

POTAIN, médecin des hôpitaux de Paris, professeur agrégé de la Faculté de médecine. **Des lésions des ganglions lymphatiques viscéraux.** In-8. Paris, 1860............................... 2 fr.

POUCHET, docteur en médecine de la Faculté de Paris, etc. **Des colorations de l'épiderme.** In-4 de 52 pages. Paris, 1864......... 2 fr. 50

POUQUET, docteur en médecine, ancien interne lauréat des hôpitaux de Paris. **De la trachéotomie dans le cas de croup, considérations pratiques.** Mémoire in-8 de 88 pages. Paris, 1863........ 2 fr.

PUTEGNAT (E.), docteur en médecine de la Faculté de Paris, etc. **De la stomatite gangréneuse.** In-8 de 32 pages. Paris, 1865.... 1 fr. 25

RANVIER, docteur en médecine, lauréat de l'Académie de médecine, etc. **Considérations sur le développement du tissu osseux et sur les lésions élémentaires des cartilages et des os.** In-8 de 72 pages et 1 planche. Paris, 1865............................ 2 fr.

Recueil de questions posées aux cinq examens de médecine, premier de doctorat. 1ʳᵉ et 2ᵉ série, comprenant 1,000 questions. Paris, 1863-64. 2 vol. in-12. Prix de chaque...................... 1 fr. 50

Id. Deuxième et cinquième de doctorat. 1ʳᵉ série, comprenant 500 questions. Paris, 1863. 1 vol. in-12............................. 1 fr. 50

Id. Troisième de doctorat. 1ʳᵉ et 2ᵉ série, comprenant 1,000 questions. Paris, 1865. 2 vol. in-12. Prix de chaque...................... 1 fr. 50

Id. Quatrième de doctorat. (Sous presse.)

Recueil de questions posées aux examens de médecine sur les accouchements, comprenant 1,000 questions. Paris, 1864. 2 vol. Prix de chaque... 1 fr. 50

REGNIER (Raoul), docteur en médecine. **Maladies de croissance.** Grand in-8. Paris, 1860..................................... 2 fr.

RELIQUET, docteur en médecine, ancien interne des hôpitaux, etc. **De l'uréthrotomie interne.** In-8 de 134 pages. Paris, 1865....... 2 fr.

RELIQUET. **Irrigation continue de l'urèthre et de la vessie.** In-12 de 23 pages. Paris, 1866..................................... 50 c.

REVEIL, professeur agrégé à la Faculté de médecine et à l'Ecole supérieure de pharmacie de Paris, etc. **Recherches de physiologie végétale. De l'action des poisons sur les plantes.** 1 vol. in-8 de 180 pages. Paris, 1865.. 3 fr. 50

REVEIL. **Recherches sur l'osmose et sur l'absorption par le tégument externe chez l'homme, dans le bain.** 1 vol. in-8 de 82 pages. Paris, 1865.................................... 2 fr. 50

REVILLIOD, docteur en médecine, ancien interne des hôpitaux de Paris. **De l'action de quelques maladies aiguës sur la tuberculisation.** In-8 de 88 pages. Paris, 1865........................ 2 fr.

RIANT, docteur en médecine de la Faculté de Paris. **Difficultés du diagnostic médical.** In-8 de 85 pages. Paris, 1866.............. 2 fr.

RICORD, chirurgien de l'hôpital du Midi, membre de l'Académie de médecine, etc. **Leçons sur le chancre,** professées à l'hôpital du Midi, recueillies et publiées par le docteur A. FOURNIER, ancien interne de l'hôpital du Midi; suivies de notes et pièces justificatives et d'un formulaire spécial. 2ᵉ édition, revue et augmentée. Paris, 1860. 1 vol. in-8 de 549 pages.. 7 fr.

ROBERT, médecin de l'Hospice-Asile des vieillards, etc. **Conseils d'hygiène et de médecine usuelle.** 1 vol. in-18 de 216 pages. Paris, 1864.. 1 fr. 25

ROBERT (A.). **Des vices congénitaux de conformation des articulations.** Paris, 1851. 1 vol. in-8............................ 2 fr.

ROBERTET, docteur en médecine, ancien interne lauréat des hôpitaux de Paris, etc. Essai sur l'encéphalite. In-8 de 50 pages. Paris, 1865. 1 fr. 50

ROBIN (Ch.). **Les théories des mouvements du cœur,** suivi d'un Mémoire sur les capacités des oreillettes et des ventricules, par le docteur HIFFELSHEIM. in-8 de 36 pages. Paris, 1864. .... 1 fr.

ROBIN-MASSÉ, docteur en médecine de la Faculté de Paris, etc. **Des polypes naso-pharyngiens** au point de vue de leur traitement. Grand in-8 de 92 pages et 6 planches. Paris, 1864..................... 3 fr.

ROCHARD, médecin adjoint de la prison des Madelonnettes, etc. **Traité des maladies de la peau.** Paris, 1863. 1 vol. in-8............ 6 fr.

ROCHARD. **Nouveau mode de traitement des dartres.** In-8 de 36 pages. Paris, 1865.. 1 fr.

RODET, docteur en médecine de la Faculté de Paris, etc. **De la trichine et de la trichinose.** 2ᵉ édition. Paris, 1866. In-8 de 50 pages et 1 planche.. 1 fr. 50

RONDEAU, docteur en médecine, ancien interne des hôpitaux de Paris. **Des affections oculaires réflexes et de l'ophthalmie sympathique.** In-8 de 132 pages. Paris, 1866..................... 2 fr. 50

ROTTENSTEIN. **Considérations sur le développement et la conservation des dents,** et quelques mots à propos de leurs maladies et de leur prothèse. Paris, 1861. In-8..................... 2 fr.

ROUBAUD, médecin-inspecteur des eaux minérales de Pougues, etc. **Eaux minérales de Pougues,** troubles de la digestion, maladies des voies urinaires. In-8 de 87 pages. Paris, 1865..................... 2 fr.

ROUET, docteur en médecine de la Faculté de Paris. **Influence du système nerveux sur les phénomènes physico-chimiques de la vie de nutrition.** In-8 de 52 pages. Paris, 1865.... 1 fr. 25

ROUYER, docteur en médecine. **Études médicales sur l'ancienne Rome.** Les bains publics de Rome, les magiciennes, les philtres, etc.; l'avortement, les eunuques, l'infibulation, la cosmétique, les parfums, etc. Paris, 1859. 1 vol. in-8... 3 fr. 50

ROUYER. **Des tumeurs de la région palatine** formées par l'hypertrophie des glandes salivaires. In-8 de 24 pages................ 1 fr.

ROUYER. **Du traitement des kystes de l'ovaire par les injections iodées.** In-8... 1 fr.

ROUYER. **Études cliniques sur les fongosités de la muqueuse utérine,** et sur leur traitement par l'abrasion et la cautérisation. 1858. Brochure in-4 de 50 pages....................................... 1 fr. 50

ROYET, docteur en médecine, ancien interne des hôpitaux de Paris, etc. **Considérations sur quelques tumeurs abdominales.** Grand in-8 de 86 pages. Paris, 1861................................. 1 fr. 50

SALES-GIRONS, médecin-inspecteur des eaux minérales. **Étude médicale sur les eaux minérales de Pierrefonds-les-Bains;** application des eaux sulfureuses pulvérisées au traitement des maladies de poitrine. Paris, 1864. 1 vol. in-12 de 194 pages, avec figures interealées dans le texte... 2 fr.

SALVA, docteur en médecine de la Faculté de Paris. **Du gaz acide carbonique comme analgésique, et cicatrisation des plaies.** In-8 de 42 pages. Paris, 1860................................. 1 fr. 25

SANDRAS, docteur en médecine, ancien interne des hôpitaux de Paris, etc. **Étude sur la digestion et l'alimentation, et sur la diathèse urique.** 2e édition. In-8 de 64 pages. Paris, 1865............ 1 fr. 25

SAPPEY, chef des travaux anatomiques, directeur des musées et professeur agrégé à la Faculté de médecine de Paris, etc. **Traité d'anatomie descriptive,** avec figures intercalées dans le texte. 2e édition entièrement refondue, t. 1er, 1re partie. **Ostéologie,** 1 vol. in-8, avec 171 fig. Paris, 1866. Prix du tome 1er complet............................. 12 fr.

SAVALLE (de Freneuse), docteur en médecine de la Faculté de Paris, etc. **Étude sur l'angine de poitrine.** In-8 de 83 p. Paris, 1864.. 2 fr.
> Mémoire présenté au concours pour le prix Civrieux, et récompensé par l'Académie impériale de médecine.

SCHNEIDER, docteur en médecine, médecin de l'hospice de Thionville. **Préparation à l'exercice de la médecine.** Ouvrage destiné spécialement à initier les jeunes médecins aux réalités de la carrière. 1 vol. in-12 de 216 pages. Paris, 1861................................... 2 fr.

SEGALAS (P. S.). **De la lithotritie considérée au point de vue de son application.** Paris, 1856. In-8....................... 2 fr.

SÉRE (de). **Du relâchement du pylore, son influence sur la digestion de l'estomac en un certain nombre de maladies chroniques,** 2e édition, revue et augmentée. In-8 de 68 pages. Paris, 1865... 1 fr. 50

SICARD, docteur en médecine de la Faculté de Paris. **Essai sur la douleur au point de vue physiologique.** Paris, 1863. In-8 de 38 pages... 1 fr. 25

SOLARI, docteur en médecine, ancien interne des hôpitaux de Marseille. **Maladies de matrice (utérus)**. Conseils pratiques sur les moyens de prévenir ces maladies et sur leur traitement. Paris, 1863. Gr. in-8 de 71 p.   **2 fr**

SOLARI. **Choléra de 1865**, sa marche, son mode de transmission, moyens de le faire disparaître ou d'en arrêter la propagation. In-8 de 45 pages. Paris, 1865 .... **75 c.**

SPERINO, professeur d'ophthalmologie à l'Université de Turin, etc. **Études cliniques sur l'évacuation répétée de l'humeur aqueuse dans les maladies de l'œil**. 1862. 1 vol. gr. in-8 de 496 pages.   **6 fr.**

SPIESS, docteur en médecine, ancien interne des hôpitaux de Paris. **De l'intervention chirurgicale dans la rétention d'urine**. 1 vol. in-8 de 90 pages. Paris, 1866 .... **2 fr.**

STOKES, professeur royal de médecine à l'Université de Dublin, etc. **Traité des maladies du cœur et de l'aorte**, ouvrage traduit par le docteur SÉNAC, médecin consultant à Vichy, ancien interne des hôpitaux de Paris, etc. 1 vol. in-8 de 746 pages. Paris, 1864 .... **10 fr.**

SOTTAS, docteur en médecine, ancien interne des hôpitaux de Paris. **De l'influence des déviations vertébrales** sur les fonctions de la respiration et de la circulation. In-8 de 71 pages. Paris, 1865.... **1 fr. 50**

SUCQUET (J. P.), docteur en médecine de la Faculté de Paris, lauréat de l'Académie des sciences. **Anatomie et physiologie**. Circulation du sang. D'une circulation dérivative dans les membres et dans la tête chez l'homme. Mémoire approuvé par l'Académie impériale de médecine, séance du 18 juin 1861. In-8 et Atlas de 6 pl. in-folio, dessins d'après nature par Lackerbauer. Paris, 1862 .... **8 fr.**

SUCQUET. **De la conservation des traits du visage dans l'embaumement**. In-8. Paris, 1862 .... **1 fr. 50**

THOMAS, professeur à l'Ecole de médecine de Tours, chirurgien en chef de l'hôpital, etc. **Eléments d'ostéologie descriptive et comparée de l'homme et des animaux domestiques**, à l'usage des étudiants des écoles de médecine humaine et des écoles de médecine vétérinaire. 1 vol. in-8 accomp. d'un atlas de 12 pl. dess. par Lackerbauer. Paris, 1865.   **12 fr.**

THOMAS (Louis), docteur en médecine, ancien interne des hôpitaux de Paris. **Du pneumatocèle du crâne**. In-8 de 89 pages. Paris, 1865 .... **2 fr.**

THOMAS (Pierre-Frédéric), docteur en médecine de la Faculté de Paris, etc. **Traité pratique de la fièvre jaune observée à la Nouvelle-Orléans**. Paris, 1 vol. in-8 de 246 pages .... **2 fr.**

THULIÉ, ancien interne de Charenton. **Étude sur le délire aigu sans lésions**. 1 vol. gr. in-8 de 124 pages. Paris, 1865............ **2 fr. 50**

TIRMAN, docteur en médecine, ancien interne des hôpitaux de Paris, etc. **Recherches sur le traitement de l'étranglement herniaire et** en particulier sur le taxis progressif. Paris, 1863. In-8 de 90 p..... **2 fr. 50**

TRASTOUR, professeur adjoint de clinique médicale à l'Ecole de médecine de Nantes. **Du développement imprévu des tubercules et de la phthisie**. In-8 de 95 pages. Nantes, 1864.................... **2 fr.**

TRÉLAT, médecin de la Salpêtrière, etc. **La folie lucide, considérée au point de vue de la famille et de la société**. 1 vol. in-8. Paris, 1861 .... **6 fr.**

TRÉLAT, professeur agrégé à la Faculté de médecine de Paris. **De la nécrose causée par le phosphore**. 1857. In-8 de 120 pages.   **2 fr. 50**

TRIADOU. **Des grossesses extra-utérines.** 1 vol. in-8 de 131 pages. Montpellier et Paris, 1866...................................... 3 fr. 50

TRIQUET, médecin et chirurgien du Dispensaire pour les maladies de l'oreille. **Leçons cliniques sur les maladies de l'oreille,** ou Thérapeutique des maladies aiguës et chroniques de l'appareil auditif. 1 vol. in-8 de 439 pages, avec figures dans le texte. Paris, 1866............ 6 fr.

TROUSSEAU, professeur de la Faculté de médecine de Paris, etc. **Conférences sur l'empirisme.** Paris, 1862. In-8 de 58 pages..... 1 fr. 50

VALETTE, professeur de clinique chirurgicale à l'école de médecine de Lyon, etc. **De la méthode à suivre dans l'étude** et l'enseignement de la clinique, vitalisme et organicisme. In-8 de 99 pages. Paris, 1864.. 2 fr.

VAN HEURCK, professeur de botanique, etc. **Le microscope,** sa construction, son maniement et son application aux études d'anatomie végétale. 1 vol. in-12 de 108 pages avec 35 figures dans le texte. Paris, 1865.. 3 fr.

VANIER, docteur en médecine. **Cause morale de la circoncision des Israélites,** institution préventive de l'onanisme des enfants et des principales causes d'épuisement. Réhabilitation et réforme. 1 vol. in-8. Paris, 1847.. 1 fr. 50

VAQUEZ, docteur en chirurgie de la Faculté de médecine de Paris. **Chirurgie conservatrice du pied.** Mémoire sur l'amputation de M. le professeur MALGAIGNE (désarticulation astragalo-calcanéenne, ou amputation sous-astragalienne des auteurs); quelques mots sur l'extirpation du calcanéum (opération de Monteggia). Paris, 1859. 1 vol. in-4 de 179 pages, 2 planches lithographiées et 5 figures dans le texte............. 3 fr. 50

VAURÉAL, docteur en médecine. **Essai sur l'histoire des ferments;** de leur rapprochement avec les miasmes et les virus. 1 vol. grand in-8 de 194 pages. Paris, 1864... 3 fr.

VAURÉAL. **Esquisse des effets physiologiques et thérapeutiques de l'eau.** In-8 de 18 pages. Paris, 1865................. 1 fr.

VELPEAU, clinique chirurgicale de la Charité. **Leçons sur le diagnostic et le traitement des maladies chirurgicales,** recueillies et rédigées par A. REGNARD, interne des hôpitaux, revues par le professeur. In-8 de 60 pages. Paris, 1866. .... 1 fr. 50

VERLIAC, docteur en médecine, ancien interne des hôpitaux de Paris. **Remarques sur le diagnostic des épanchements pleurétiques et les indications de la thoracentèse chez les enfants.** In-8 de 116 pages. Paris, 1865...................................... 2 fr.

VERNEUIL, professeur agrégé à la Faculté de médecine de Paris. **Eloge d'Alph. Robert,** chirurgien honoraire des hôpitaux de Paris, professeur d'anatomie, etc. 1864. In-8 de 96 pages......................... 2 fr.

VERRIER, docteur en médecine de la Faculté de Paris, etc. **Du forceps-scie des Belges.** Mémoire précédé de quelques considérations sur l'embryotomie et l'opération césarienne. In-4 de 59 pages. Paris, 1863.. 1 fr. 50

VERRIER. **Quelques indications de l'opération césarienne,** suivies de l'accouchement prématuré artificiel. In-8 de 46 pages. Paris, 1864.. 1 fr. 50

VERRIER. **De la mort subite des enfants nouveau-nés.** In-8 de 10 pages. Paris, 1864.. 75 c.

VERRIER. **Du pronostic et du traitement de la pneumonie pendant la grossesse.** In-8. Paris, 1865..................... 75 c.

VERRIER. **Quelle doit être la conduite de l'accoucheur lorsqu'il est obligé d'intervenir dans les positions occipitopostérieures.** In-8 de 19 pages. Paris, 1865................ 1 fr.

VIELLE, docteur en médecine de la Faculté de Paris. **Essai sur le rôle social de la médecine.** In-8 de 50 pages, Paris. 1866...... 1 fr. 50

VIRCHOW, professeur d'anatomie pathologique à la Faculté de médecine de Berlin, membre correspondant de l'Institut de France. **La syphilis constitutionnelle.** Traduit de l'allemand par le docteur Paul PICARD; édition revue, corrigée et considérablement augmentée par le professeur. Paris, 1860. 1 vol. in-8, avec figures dans le texte................ 4 fr.

VULPIAN, médecin des hôpitaux de Paris, professeur agrégé à la Faculté de médecine. **Des pneumonies secondaires.** 1860. In-8........ 2 fr.

VULPIAN. **Recherches expérimentales relatives aux effets des lésions du 4e ventricule et spécialement à l'influence de ces lésions sur le nerf facial.** In-8 de 68 pages et 12 figures. Paris, 1861.. 2 fr.

WECKER, professeur de clinique ophthalmologique. **Traité théorique et pratique des maladies des yeux.** Tome Ier. Paris, 1864. 1 fort vol. in-8 orné de 6 planches et de 61 figures dans le texte......... 15 fr.

Tome IIe, 1er fascicule. **Maladies du cristallin, du corps vitré de la rétine et du nerf optique** (ophthalmoscopie). 1 vol. in-8 de 412 pages avec 3 planches gravées et 38 figures intercalées dans le texte. Paris, 1866 .... 6 fr.

WECKER. **De la conjonctivite purulente, et de la diphthérite de la conjonctivite**, au point de vue du diagnostic différentiel et de la thérapeutique. In-4 de 87 pages. Paris, 1861.................. 1 fr. 25

YGONIN, docteur en médecine, ancien interne de la Maternité de Lyon. **Des obstacles que le col utérin peut apporter à l'accouchement.** In-8 de 127 pages. Paris, 1863........................ 2 fr.

ZIMMERMANN. **Traité de l'expérience en général, et en particulier dans l'art de guérir**, par LEFEBVRE DE V....., 3 vol. in-8. Montpellier, 1818.. 3 fr. 75

Quelques exemplaires des ouvrages suivants :

ABEILLE MÉDICALE (l') 1844 à 1858. **Revue hebdomadaire de médecine et de chirurgie pratiques**, etc. 15 vol. in-4, rel.... 20 fr.

Annales de la chirurgie française et étrangère, par MM. BEGIN, MARCHAL (de Calvi), VELPEAU et VIDAL (de Cassis). Paris, 1841-1845, 15 vol. in-8, fig.. 40 fr.

ANTOMMARCHI. **Planches anatomiques du corps humain**, exécutées d'après les dimensions naturelles. 1 vol. grand in-folio de 48 planches, avec un vol. de texte, demi-reliure chagrin.............. 60 fr.

Archives générales de médecine. Collection complète jusqu'à ce jour, en demi-reliure veau. 116 vol.......................... 750 fr.

— La même demi-bas.................................... 700 fr.

Art médical (l'), journal de médecine générale et de médecine pratique. Paris, 1855-1864. 20 vol. in-8............................ 100 fr.

BAILLON. **Étude générale du groupe des euphorbiacées.** Recherche des types. — Organographie. — Organogénie. — Distribution géographique. — Affinités. — Classification. — Description des genres. Paris, 1858. 1 vol. grand in-8, avec atlas cartonné.............. 30 fr.

BALLONII (G.). **Opera omnia medica.** Venetiis, 1734, quatre tomes en 2 vol. rel...... 15 fr.

BERZELIUS. **Traité complet de chimie minérale, végétale et animale.** 2e édit., traduite par MM. Esslinger et F. Hœffer. Paris, 1846-1852. 6 vol. in-8...... 40 fr.

Bibliothèque choisie de médecine, par Planque. Paris, 1748. 10 vol. in-4, avec planches, rel...... 30 fr.

BORSIERII. Institutionum medicinæ praticæ. Editio nova, curante Hecker. Berolini, 1826. 4 vol. in-8, rel...... 20 fr.

BOUCHARDAT. **Archives de physiologie, de thérapeutique et d'hygiène,** Paris, 1854. 2 vol. in-8...... 4 fr.

BOURGERY. **Traité complet de l'anatomie de l'homme,** comprenant la médecine opératoire, dessiné d'après nature par Jacob, 1830-1855. 8 vol. in-folio, demi-reliure chagrin, fig. col...... 750 fr.
— Le même, relié en 14 vol., demi-reliure, fig. col...... 800 fr.
— Le même, relié en 8 vol., demi-reliure, fig. noires...... 500 fr.
— Le même. **La médecine opératoire.** 2 vol. en feuilles, figures coloriées...... 250 fr.

BOURGERY et JACOB. **Anatomie élémentaire,** en 20 planches, format grand aigle, avec un texte explicatif in-8, formant un manuel complet d'anatomie physiologique. Paris, 1834-1842, colorié...... 150 fr.
— Le même, noir...... 80 fr.

BOYER. **Traité des maladies chirurgicales.** 11 vol., demi-rel. chagrin. 2e édition...... 25 fr.
— Le même, 4e édition, demi-reliure chagrin...... 50 fr.
— Le même, 5e édition, publiée par P. Boyer. Paris, 1844-1853. 7 volumes in-8, demi-reliure chagrin...... 30 fr.

Bulletin général de thérapeutique médicale et chirurgicale. Paris, 1831-1864. 67 vol. in-8...... 150 fr.

CABANIS. **Œuvres complètes,** accompagnées d'une notice sur sa vie et ses ouvrages. Paris, 1825. 5 vol. in-8...... 10 fr.

CLOQUET (Jules). **Anatomie de l'homme,** ou description et figures lithographiées de toutes les parties du corps humain. 5 vol. grand in-folio, reliés en 2 vol., demi-chagrin...... 120 fr.

Congrès périodique international d'ophthamologie, rédigé par MM. les docteurs Giraud-Teulon et Wecker. 2e session. Paris, 1863. Vol. grand in-8...... 12 fr.

COOPER (Astley). **Œuvres chirurgicales,** trad. de l'anglais, avec des notes par E. Chassaignac et G. Richelot. Paris, 1837. In-8...... 5 fr.

COOPER (S.) **Dictionnaire de chirurgie pratique.** Paris, 1862. 2 vol. in-8, demi-reliure...... 12 fr.

CUVIER (Georges). **Le régne animal.** 10 vol. de texte et 10 atlas montés sur onglets ; ensemble 20 vol., dos et coins en maroquin, tranche supérieure dorée...... 800 fr.

DALECHAMPS. **Histoire générale des plantes.** Lyon, 1815. 2 vol. in-folio, reliés...... 15 fr.

DELPECH. **De l'orthomorphie par rapport à l'espèce humaine** Paris, 1828. 2 vol. in-8 et atlas in-folio de 78 planches...... 25 fr.

— **Chirurgie clinique de Montpellier.** 1823 à 1828. 2 vol. in-4, figures...... 20 fr.

— **Précis élémentaire des maladies réputées chirurgicales.** Paris, 1816. 3 vol. in-8, reliés...... 18 fr.

Dictionnaire des sciences médicales. 60 vol. · · · · · · · 50 fr.
— Le même, demi-reliure basane. . · · · · · · · · · · · · · · 90 fr.

Dictionnaire de médecine et de chirurgie pratiques. 1829 à 1836. 15 vol. in-8, reliés, demi-veau. · · · · · · · · · · · · · 50 fr.

Dictionnaire de médecine, ou Répertoire général des sciences médicales. 30 vol. in-8, demi-reliure chagrin. · · · · · · · · · · · · 100 fr.
— Le même, broché. · 80 fr.

Dictionnaire pittoresque d'histoire naturelle et des phénomènes de la nature, rédigé par une société de naturalistes, sous la direction de F. E. Guérin. 9 vol. in-4, avec 720 pl. noires, carton. 45 fr.

D'ORBIGNY. **Dictionnaire d'histoire naturelle.** 13 vol. in-8 et atlas de 288 planches coloriées, demi reliure chagrin. · · · · · · · 220 fr.

DUCHESNE (E.). **De la prostitution dans la ville d'Alger** depuis la conquête. Paris, 1853. 1 vol. in-8. · · · · · · · · · · · · · · · 2 fr.

DUMAS (J.-B.). **Traité de chimie appliquée aux arts.** Paris, 1828, 1846, 8 vol. in-8 et atlas in-4, broch.. · · · · · · · · · · · · · · 90 fr.

FLEURY (H.). **Le Progrès,** journal des sciences et de la profession médicale, annales de l'hydrothérapie rationnelle. Paris, 1858-1860. 5 vol. grand in-8, rel. · 25 fr.

FODÉRÉ (E.). **Traité de médecine légale et d'hygiène publique,** Paris, 1813. 6 vol. in-8, demi-reliure veau. · · · · · · · · · · · · · 12 fr.

FRANCK (P.-J.). **Traité de médecine pratique,** traduit du latin par Goudareau, docteur en médecine, etc. 2e édition. Paris, 1842. 2 volumes grand in-8, rel.. · 20 fr.

GALENI. **Operum.** Lugduni, 1550. 4 vol. in-folio, rel. . · · · · · · 40 fr.

GALET. **Le corps de l'homme,** Traité complet d'anatomie et de physiologie humaine, 4 vol. avec 400 fig. coloriées, demi-reliure chagrin. . 80 fr.

GALL. **Sur les fonctions du cerveau.** Paris, 1825. 6 vol. in-8, cart. · 30 fr.

GALL. **Recherches sur le système nerveux** en général, et sur celui du cerveau en particulier. Paris, 1809. In-4, fig., relié. · · · · · 5 fr.

GAMELIN. **Nouveau recueil d'ostéologie et de myologie,** dessiné d'après nature pour l'utilité des sciences et des arts. Toulouse, 1779. 2 part. in-8° avec 100 planches. 15 fr.
Ouvrage à l'usage des artistes.

Gazette hebdomadaire de médecine et de chirurgie de Paris, dirigée par le docteur A. Dechambre. Paris, 1854-1863. 10 vol. in-4, demi-reliure chagrin. . . . . 200 fr.

GRISOLLE. **Traité élémentaire et pratique de pathologie interne.** 7e édit. Paris, 1857. 2 vol. in-8. . . . . 10 fr.

HALLER (A.). **Elememta physiologiæ corporis humani.** Lausanne, 1757. 9 vol. in-4, veau. . . . . 40 fr.

HALLER (A.). **Disputationes ad morborum historiam et curationem facientes.** Lausanne, 1757-1766. 7 vol. in-4, rel., fig. . 25 fr.

HALLER (A.). **Bibliotheca anatomicæ.** Zurich, 1774. 2 volumes in-4. . . . . 15 fr.

HEISTER (L.). **Institutiones chirurgicæ.** 2 vol. in-4, rel. . . 6 fr.

HOFFFMANNI (F.). **Opera omnia physico-medica.** Denuo revisa, correcta et aucta cum supplemento. Genevæ, 1748-1753. Onze tomes en 4 vol. in-folio, rel. veau. . . . . 40 fr.

HUNTER (W.). **Anatomia uteri humani gravidi, tabulis illustrata** (anglice et latine). Birmingham, 1774. Grand in-fol., avec 34 planches gravées, reliure pleine, veau écaille, doré sur tranches. 35 fr.

JAMAIN. **Archives d'ophthalmologie.** Paris, 1853-1856. 6 volumes in-8. . . . . 15 fr.

Journal de médecine, de chirurgie et de pharmacie, rédigé par BACHER. VANDERMONDE et ROUX. Paris, 1754-1793. 95 vol. in-12, reliés, et table in-4. . . . . 70 fr.

Journal (nouveau) de médecine, chirurgie et pharmacie, par BÉCLARD, CHOMEL, CLOQUET, MAGENDIE, ORFILA ET ROSTAN. Paris, 1818 à 1828. 15 vol. in-8, reliés. . . . . 30 fr.

Journal des connaissances médico-chirurgicales, ou Revue de thérapeutique médico-chirurgicale, publié par MM. J. LEBAUDY, H. GOURAUD, TROUSSEAU et MARTIN-LAUZER. Paris, 1833 à 1857. 24 vol. grand in-8. . . . . 50 fr.

Journal des progrès des sciences et institutions médicales en Europe, en Amérique, etc. Paris, 1827 à 1830. 21 vol. in-8, rel. 30 fr.

Journal hebdomadaire de médecine, par MM. ANDRAL, BLANDIN, etc. Paris, 1828-1830. 8 vol. in-8, reliés. . . . . 15 fr.

LAMARCK et DE CANDOLLE. **Flore française.** 6 vol. in-8, demi-reliure basane. . . . . 50 fr.

LARTIGUE (A.). **Encyclographie médicale,** ou Résumé analytique complet de tous les journaux de médecine et de pharmacie publiés en France. Paris, 1842 à 1846. 8 vol. in-8, cart. . . . . 15 fr.

LEBERT. **Traité d'anatomie pathologique générale et spéciale.** Paris, 1855-1861. 2 vol. in-folio en demi-reliure veau . . . . 500 fr.
— Le même, broché en livraison. . . . . 475 fr.

LEPECQ DE LA CLOTURE. **Collection d'observations sur les maladies et les constitutions épidémiques.** Paris et Rouen, 1776-1778. 3 vol. in-4, reliés. . . . . 40 fr.

LISFRANC. **Clinique chirurgicale de l'hôpital de la Pitié.** Paris, 1841-1843. 3 vol. in-8. . . . . 10 fr.

MALGAIGNE. **Journal de médecine et de chirurgie, et Revue médico-chirurgicale.** Paris, 1843-1855. 26 vol. in-8. . . . . 50 fr.

MALGAIGNE. **Journal de chirurgie.** 4 vol. gr. in-8. Paris, 1843-1846. . . . . 10 fr.

Mémoires et prix de l'Académie royale de médecine. Paris, 1747-1797. 10 vol. in-4, rel., fig. . . . . 40 fr.

Mémoires de l'Académie royale de chirurgie, précédés d'une analyse par M. le professeur MARJOLIN, et suivis de trois mémoires inédits. 3 vol. in-8. . . . . 6 fr.

Mémoires de l'Académie impériale de médecine de Paris. Paris, 1828-1862. 25 vol. in-4, avec planches, reliés. . . . . 150 fr.

Mémoires de l'Académie royale de chirurgie. Paris, 1784. 15 vol. in-12, reliés. . . . . 10 fr.

Mémoires de la Société médicale d'émulation. Paris, 1798-1826. 9 vol. in-8, reliés. . . . . 20 fr.

MONNERET et FLEURY. **Compendium de médecine pratique.** 8 vol., demi-rel. basane. . . . . 100 fr.

— Le même, broché. . . . . 90 fr.

PARISEL. **L'Année pharmaceutique.** 4e année 1863. Paris, 1864. 1 vol. gr. in-8 . . . . 1 fr. 50

PELOUZE et FREMY. **Traité de chimie générale.** 2e édit. Paris, 1854. 6 vol. in-8, et atlas in-8 de 53 pl., br · · · · · · · · · · · 35 fr.

PLOUCQUET. **Litteratura medica,** sive Repertorium medicæ practicæ, chirurgicæ, atque rei obstetricæ, cum supplemento. Tubingæ, 1808-1813, 5 vol. in-4, rel. · · · · · · · · · · · · · · · · · · · 45 fr.

POMET. **Histoire générale des drogues simples et composées.** Paris, 1735. 2 vol. in-4, rel. · · · · · · · · · · · · 6 fr.

RANKING. **The half-yearly abstract of the medical sciences.** London, 1845-1861. 34 vol. in-12, cart. · · · · · · · · · · · 100 fr.

RAYER. **Archives de médecine comparée.** Paris, 1842-1843. 1 vol. in-4, avec 9 planches. · · · · · · · · · · · · · · · 20 fr.

Revue médicale française et étrangère. Paris, 1820 à 1865. 154 vol. in-8, rel. · · · · · · · · · · · · · · · · 200 fr.

RICHERAND (le baron). **Nouveaux éléments de physiologie,** 10e édit., revue et augmentée par l'auteur et par le professeur BÉRARD aîné. Paris, 1833. 3 vol. in-8. · · · · · · · · · · · · · · · 6 fr.

RICORD. **Clinique iconographique de l'hôpital des Vénériens.** Recueil d'observations suivies de considérations pratiques sur les maladies qui ont été traitées dans cet hôpital. 1 vol. gr. in-4, avec 66 planches coloriées et portrait de l'auteur, relié en demi-chag. · · · · · · · 100 fr.

SAPPEY (P. H. C.), chef des travaux anatomiques, directeur des musées, et professeur agrégé à la Faculté de médecine de Paris, etc. **Traité d'anatomie descriptive.** 3 vol. in-12, rel., avec de nombreuses figures dans le texte (ouvrage complet). · · · · · · · · · · · 45 fr.

SENNERT (D.). **Opera medica.** Paris, 1641. Six tomes, rel. en 3 vol. in-folio, reliés. · · · · · · · · · · · · · · · · · 15 fr.

SICHEL (J.). **Iconographie ophthalmologique,** etc. Paris, 1852-1859. 2 vol. gr. in-4. · · · · · · · · · · · · · · · 150 fr.
— Le même, dem.-rel. · · · · · · · · · · · · · · · 160 fr.

SPRENGEL. **Histoire de la médecine,** depuis son origine jusqu'au XIXe siècle, avec l'histoire des principales opérations chirurgicales, traduite de l'allemand par A.-J.-L. JOURDAN. Paris, 1815-1820. 9 vol. in-8, demi-rel., veau. · · · · · · · · · · · · · · · · 60 fr.

SPRENGEL. **Institutiones medicæ.** Amstelodani, 1809. 9 vol. in-8, brochés. · · · · · · · · · · · · · · · · · · 15 fr.

TARDIEU (A.). **Dictionnaire d'hygiène publique et de salubrité,** etc. Paris, 1852-1854. 3 vol. grand in-8, rel. · · · · · 20 fr.
— Le même, broché. · · · · · · · · · · · · · · · 12 fr.

TOURNEFORT. **Institutiones rei herboriæ.** Paris, 1719. 3 vol. in-4, rel. · · · · · · · · · · · · · · · · · · · 10 fr.

Union médicale (L'). Journal des intérêts scientifiques et pratiques, moraux et professionnels du corps médical; rédigé par MM. LATOUR et RICHELOT. 1re série. Paris, 1847-1858. 12 vol. in-folio. 2e série, 1859-1865. 28 vol. grand in-8. · · · · · · · · · · · · · · · 200 fr.

VALLEIX. **Guide du médecin praticien.** 3e édition. Paris, 1853. 5 vol. in-8. · · · · · · · · · · · · · · · · · · 20 fr.

ZACHIÆ (P.). **Questiones medico-legales.** Lugduni, 1726. 3 vol. in-folio, rel. · · · · · · · · · · · · · · · · · 12 fr.
— Le même, relié en 1 vol. · · · · · · · · · · · · · 8 fr.

Paris. — A. PARENT, Imprimeur de la Faculté de Médecine, rue Monsieur-le-Prince, 31.